高校创新创业人才培养的产教融合模式研究

黄永辉　方晓超　马弘实　著

中国纺织出版社有限公司

图书在版编目（CIP）数据

高校创新创业人才培养的产教融合模式研究 / 黄永辉，方晓超，马弘实著．-- 北京：中国纺织出版社有限公司，2024. 1
ISBN 978-7-5229-1412-1

Ⅰ．①高… Ⅱ．①黄… ②方… ③马… Ⅲ．①高等学校-人才培养-培养模式-研究-中国②高等学校-产学合作-研究-中国 Ⅳ．①G649. 2

中国国家版本馆 CIP 数据核字（2024）第 039246 号

责任编辑：张　宏　　责任校对：江思飞　　责任印制：储志伟

中国纺织出版社有限公司出版发行
地址：北京市朝阳区百子湾东里 A407 号楼　邮政编码：100124
销售电话：010—67004422　传真：010—87155801
http://www.c-textilep.com
中国纺织出版社天猫旗舰店
官方微博 http://weibo.com/2119887771
河北延风印务有限公司印刷　各地新华书店经销
2024 年 1 月第 1 版第 1 次印刷
开本：710×1000　1/16　印张：13.5
字数：195 千字　定价：98.00 元

前言 | Preface

经济全球化的蔓延在全球范围内掀起了一场“人才革命”，对人才提出了更高、更新的要求。中国要想在未来的国际经济浪潮中占据主动，抓住发展机遇，关键是要培养一大批能够适应经济全球化的创新创业人才和高素质人才。产教融合是实现校企双赢的重要手段和有效途径，是高等职业教育的教育价值、社会价值和经济价值的重要体现。通过完善制度建设、优化课程设置、创新办学模式、打造双师团队、提高企业认识等，可以助推高等职业院校产教融合科学模式的构建与实施。

本书基于创新创业人才培养的视角，深入研究了产教融合育人模式，主要内容有高校创新创业人才培养概述、高校产教融合培养模式概述、国外产教融合培养模式的发展与启发、产教融合创新创业人才培养的创新教学模式、产教融合模式下高校创新创业课程体系构建、产教融合模式下高校创新创业实践体系构建、产教融合模式下“双师型”教师团队建设以及高校产教融合人才培养模式支持系统构建。

本书在撰写过程中，参考和借鉴了许多学者的相关资料，在此深表谢意。由于时间仓促，水平有限，书中难免会有不足，还望广大读者和专家批评、指正。

黄永辉

2023 年 5 月

目 录 | Contents

第一章　高校创新创业人才培养概述

第一节　高校创新创业教育的内涵

在西方文化中，“创业教育”的内涵是一个不断演化的过程，具有历时性。目前将创业教育、企业家精神和创业精神共同使用“entrepreneurship”这个词语来表述。而在我国，大部分高校一直将创业教育偏向围绕着创业技能培养、创业实践活动而开展实施（即狭义的创业教育）。可见，对高校“创新创业教育”的研究，就是在当下经济发展方式转变、急需创新型人才投身创业活动的特殊阶段，对以创新意识、精神、能力培养为目的的创业教育的不断探索与研究，更符合世界高等教育改革的发展趋势。将“创新”的理念渗透、融入创业教育中，从受教育者的学生行为主体，从生存发展的命题，从“知行统一观”的角度着眼，将创新创业教育作为一个完整的范畴研究分析，在理论上是成立的。“创新”“创业”两者都强调“创”，即强调一种开始，一种从“无”中生“有”的意蕴，简单说，两者都突出强调创造性地提出问题、分析问题和解决问题，内在都蕴含开创精神，共同目标与追求都是培养创新创业型人才。与广义上的“创业”教育的内涵相比，我们把“创新”的理念渗透、融合在以往的创业教育里，强调这种教育是培养更多的有创新精神和能力的优秀创业者，使其投入创业活动中，而不是有就业困难的学生为了谋生而不得不去创业，从而提出了“创新创业教育”，的新定义。所谓“创新创业教育”，是指以培养受教育者的创新精神、创业意识与能力为基本价值取向的教育理念与教育模式。

新概念通常蕴含着新的理念。“创新创业教育”表达着一种与时代精神相吻合，与社会发展需要相适应的新理念，如将创新与创业相对比，创新为“里”，创业为“表”，创新比创业更根本。实质上，创新教育更重视对受教育者全面发展的全局掌控，创业教育更重视的是受教育者自我价值的如何实现；两者互相制约又互相推进，具有紧密相连的辩证统一关系。从某种角度上说，创业能力的强弱映射出一个人的创新与实践能力的高低。创新是创业的基础，创新教育的最终效果，需经历在将来创业工作的实效中充分验证其培育的各类人才；创新以创业作为验证的载体和最终效果的表现模式。创业是否能成功完全依赖于创新教育根蒂的坚固程度，创新教育与创业教育交叉、叠加，彼此蕴含，以集合的视角，将创新教育与创业教育作为一个整体来推进和研究，已经是经济增长方式和教育发展改革的必然趋势。

为此，本书将采用“创新创业”一体描述的方式来诠释在创新驱动发展方式下的创业教育广义上的内涵。这一新概念契合了当今的时代潮流，有利于推动社会的发展和进步；“创新创业教育”是指普及性和广义上的创业教育。如果将“创新创业教育”与“创业教育”作严格的概念区分，确实存在细微的区别，但其共性要远远大于差异性，二者间的差别是“同中之异”，从广义而言，其高度一致，所以两个概念可以互用。

创新创业教育的核心目标不仅是培养学生企业家，更是培养学生的开创性精神和能力素质，使其最终成为具有开创性的个人；创新创业教育在挖掘和提升学生的基本素质、创造性思维、预见能力、创新精神、风险意识、辨别机遇能力的同时，不断提高与之相伴的其他素质和实践训练能力。在教育过程中特别强调为能够在实践活动中独自地去发现问题和解决问题，并在其中提出自己的新观点、新构思和创造有价值的东西，就要加强自我创业意识和展示创新操作能力，进而成为具有较高素质的社会主义现代化建设者。在创新设计、创业发展中，依赖单纯的传统理论教学早已不能实现，必须着重加强创新和创业作引导，借助长期积累的实践经验，以策动和敞开式为教学模式和理念，促进学生成为自主创新的探求者，转变过去的被动适应。

创新创业教育实现了知识教育与智慧体悟、教育民主化与个性化、解决生存问题与提升生活意义的有机结合。它是“素质教育的‘具体化’，是素质教育的题中应有之义，更是对素质教育的新指认”。创新创业教育涵盖的基本素质是受教育者的素质培养中最重要的部分，也是素质教育极为重要的部分和落脚点。要通过充分发挥学生的自觉性和独立性来培养学生的创新精神，通过开展实践活动来提升创业素质，通过理论联系实际来满足社会对创造能力的培养需要和适应市场经济的需求。

人类文明步入知识社会以来，社会经济发展日益密切依赖于人的创新创业活动。创新创业精神是人类探索世界和开展创造性物质实践的本性。全面提高学生的素质，集中体现了教育的效果、质量和收益。但在自发秩序下，社会能够输出的创新创业才能已经远远不能满足知识经济发展的需要，而在先行迈入知识社会的国家里，通过大规模的教育来鼓励、培养和输出创新创业才能已经成为高等教育为社会经济发展服务的明确任务。因此，高等院校坚持以党和国家的教育方针为指导，开展和实施创新创业教育，对建设创新型国家和实施以创业带动就业战略具有重大意义，“创新创业教育”明确了“面向全体学生”“结合专业教育”“融入人才培养全过程”，表征着一种教育理论、一种教育体制、一种新的教育实践，是对当前国家发展战略在教育领域中的新确证和新响应。

第二节　高校创新创业教育的形势

一、创新创业教育的教学策略形势

（一）树立创新创业教育的先进理念

要在大学中推行创新创业教育，就必须打破传统的人才培养观念，树立新型的人才观。传统的人才培养是大一统的、标准化的生产模式，创新创业教育要改变这种模式，就必须走特色化、应用化、国际化的创新发展之路。中国社会经济转型发展最急需的是具有国际视野、创新动力、应用实践能力和个性特色的人才。推进创新创业教育，要树立个性化、应用型、创新型和有国际视野的人才理念。一个人只有具备了丰富的个性内涵，才可能为知识应用、发明创造、国际交往提供动力支持；应用型理念为人才成长提供活力源泉，人只有在应答现实社会需要和回应现实问题的过程中才能极大地激发个体的创造性，也才能充分展现自己的独特个性品质，为国际交往提供方向性和针对性；国际化理念引导人才成长的深度和高度，它不仅要求人才在个性品质上具备包容性和开放性，也注重现实应用性和科学原创性，这两者自然也是应用型素质与创新型素质的展现。四者是一个内在的有机体，是相互交织、相互支撑和相互依赖的统一体，如此才能造就高水平的创新人才，才能满足科学技术的原创性的需求。

（二）完善培养方案，强化创新创业课程体系建设

一要全面修订人才培养方案，增设创新创业课程，不但要有理念先进、体系完整、动态优化的创新创业通识选修课程，还要有与专业教育深度融合的创新创业教育必修课程。要让创新创业精神融入教师的教学理念，同时拓展专业教师的知识面，鼓励教师在专业课程教学中渗透创新创业的相关知识内容。二要面对全体学生开设创新创业通识课程。创新创业所需的知识、能力、方法等，学生必须通过特定课程的学习而获得。因此，高校开设相应课程模块，将其作为通识课程纳入专业培养方案供全体学生选修，是高校实施创新创业教育的一个较好选择。三要将创新创业教育与专业教育融合。“融入专业”是要将创新创业教育与专业教育深度融合。这主要是因为知识经济时代社会对人才的需求逐渐从专业型向创新型、复合型转变，而将具有开放性、跨学科性以及创造性特征的创新创业课程融入专业教育能够有效地促进学科之间的交叉、渗透，开拓学生的眼界、拓展学生的思维。

（三）加强师资建设，提高“双师型”教师的比重

教师是教学工作的主体，也是教学质量高低的决定因素。可从三个途径优化创新创业教育的师资队伍结构，提高教师的队伍素质。一是出台政策，采取“专兼职结合、校内外互补”的方式，鼓励企业经营管理、技术人员与学校领导、骨干教师相互兼职。学校除了要建设一支人员结构合理稳定的创新创业教育工作队伍，还应广泛在政府、企业、创业公益组织等

多个领域聘请校外大学生创业导师为创业教育的开展提供专业的专家指导。二是建立“双师型”教师海外研修和交流的补贴机制，推动校企双方合作，使教师既具备专业的理论知识，又能学到海外的先进创新创业理念。三是通过减免税费，提供教师学习及顶岗机会的企业补助的方式，提升企业参与“双师型”教师培养的积极性。中青年教师富有朝气、思维活跃，是教师队伍的生力军，在学生参与的众多创新创业活动中充当着重要的引领角色。学校要在政策上对中青年教师指导大学生创新创业活动给予支持，让这支生力军成为创新创业教育的主力军。

（四）改进教学管理方式，创新教学评价方法与评价体系

科学的教学评价方式与体系可检验教学是否偏离了教育方针和教学目标，有无全面完成各科教学大纲规定的目的和任务，从而保证教学始终沿着正确的方向发展，有利于在大学校园里积极营造科学、严谨、宽松、活泼的人才成长氛围，提升教学质量，促进创新、创业型人才培养工作的快速发展。学校可设定创新创业学分模块，学生参加各类科技竞赛、创业活动等可作为创新创业学分的来源。全面推行学分制和弹性学期制，鼓励学生中途休学创业，为学生个性的自由发展提供足够的选择机会。从重视学习结果的“终结性评价”向重视学习过程的“形成性评价”和“终结性评价”并重转变。积极探索非标准化的考试模式，打破“标准答案考试”“60分及格”的课堂教学评价评估体系，采取灵活考察与基础考核相结合、动态与静态考核相结合、个人与团队成绩相结合的形式，强调对学生学习方法的诊断与分析功能，强调激励学生的学习热情和内在的学习动力，促进学生个性发展，增强创新能力。

（五）构建新型创新创业管理模式

创新创业教育的实施是一个系统工程，要整合力量、多方配合，才能顺利和有效地推行。鉴于创新创业教育不但贯穿人才培养的全过程，而且涉及面广、实践性强的特点，要真正抓好创新创业教育，就必须成立专门的组织机构出台配套的政策措施。首先，高校领导要充分重视，建立纵向的领导协调机制。例如，成立由分管校领导挂帅的领导小组，从学校层面

对创新创业教育开展顶层设计、对涉及的各个部门进行统筹协调；其次，最好能够成立专门的管理部门，如创新创业管理服务中心、创新创业学院等，对创新创业教育的全过程进行系统化、精细化管理，并且联合教务、学工、科研多个部门管理，建立横向的协同工作机制。更重要的是要与各种各样的企业保持密切的联系，以争取更多的风险投资和创业实践基地以解决创业教育启动资金不足、创业实践不力等问题。

二、高校创新创业教育的实践形势

在专业课程缺乏创新创业教育的理念背景下，很多地方的高校的教学实践课程目前仍主要依赖于实验室教学及模拟专业实践平台，教学实践课程与创新创业实践平台和创业孵化基地的有机融合还远远不够。虽然一些地方高校以协同创新为引领，打造了自己的创新创业实践平台和创业孵化基地，但大多独立于专业课程以外，其平台和基地是面向有兴趣于创新创业的学生，而无兴趣创新创业的学生则与创新创业实践平台和创业孵化基地无缘。高校应以协同创新为引领，以培养应用型人才为目标，各个专业都应安排教学实践课程，且作为创新创业实践平台，鼓励学生创新创造。而将创新创业教学实践平台上升为以项目为导向的创业孵化基地尚有很大的距离。因此，在地方高校的人才培养方向向高素质应用型人才转变的大背景下，地方高校以培养应用型人才为导向，不仅应加大力度构建应用型教学实践基地，还要进一步以培养创新创业人才为导向，将教学实践课程与创新创业实践平台和创业孵化基地有机融合，结合上尽量达到零间隙。

高校创新创业课程的内容和教学方法都强调从实践出发，创新之处具体包括以下三点。

首先实施案例教学法。教师上课不是依赖教材照本宣科，而是大量运用具体专业创新创业的实践案例启发学生、引导学生。

其次实施工作室教学法。以协同创新为引领，以培养应用型人才为目标，各个专业都安排了在工作室开展的教学实践课程，且作为创新创业实践平台，鼓励学生创造与设计作品以参与国内外各类设计作品展览与比赛。

最后项目实践教学法。优中选优，创造条件将工作室教学的创新创业实践平台上升为以项目为导向的创业孵化基地，鼓励广大师生积极申报大学生创新创业实践项目及其他创新创业项目，在项目实践中开展创新创业教学，培养创新创业人才。

创新创业教育应推动高校就业工作质量的提升。目前，教育部门对高校就业工作的一项关键考核指标就是毕业生的就业率，而高校不应盲目追求毕业生就业率的提升，应该重视毕业生的就业质量及其高校的就业工作质量。

三、高校创业教育的未来发展形势

（一）面向全体学生

创业教育不应该是精英教育，它不是少数学生的专利，而是一种普惠式的教育形态，必须面向全体学生，致力于提升全体学生的创新能力与创业素养。为此，教育部分别在 2010 年、2012 年两次在创业教育政策文件中，提出“创业教育是素质教育，是面向全体学生的素质教育形式”“创业教育的发展需要与学校办学特色、专业教育相结合，引导学生在专业学习的基础上实施创业计划探索”。无疑，这些政策文件提出了创业教育发展的导向问题，指出创业教育发展必须面向全体学生，与专业教育相结合，从不同专业、学科的角度设计出创业教育的具体目标、内容与教育理念，从而保证这些目标、内容与理念能够面向全体学生、所有专业，努力提升各个专业学生的创业意识、知识与技能，从而全面提升其创新意识、创业能力，进而提升其发现问题、解决问题的能力与素养。有学者生动形象地描述了面向全体学生的意义，认为面向全体学生就是一种广谱式的创业教育，创业教育在任何专业、任何年级均可以开展，是一种典型的素质教育。确实如此，面向全体学生就是要提升学生在创新创业上的素质，提升其发现问题、解决问题的思维与能力，而不应该是培养学生去创办一家企业。

（二）形成特色鲜明的教育模式

当前，各高校的创业教育基本上有校本模式、区域模式与行业模式三种模式。在这三种模式中，校本模式占主导。在未来的发展趋势中，在坚持校本模式的同时，需要向另两种模式发展，推进这三种模式的结合，进而形成“三位一体”的局面，保证这三种模式之间的统筹与协调，共同发挥创业教育的最大作用。在未来的发展中，高校创业教育应该以创业教育的实际效果为目标，准确把握各校的专业特色、地域特色和行业特色，找准其与区域、行业之间的契合点，积极探索学校特色、专业特色与区域特色、行业特色的融合，发挥地方政府、地方企业的积极性，促进产学研相结合，共同推进创业教育的资源在学校、区域、行业内的良性循环与互动，最终达到资源整合的目的，形成可持续的、相互协调的创业教育发展模式。

（三）形成纵深发展的教育体系

创业教育体系的主要方面是课程体系和实践体系，也是这两大类体系之间的融合发展未来的发展趋势，达到课程实践化和实践课程化的目标，做到知识体系和实践体系相融合。第一，课程体系实践化。这方面主要包括课程内容与教学方法的双重实践化。就课程内容的实践化看，要求创业教育在开展的过程中，具体的教学内容必须是面向实践的，实践性课程应该占据主导地位。当然，这也并不是要弱化课程的理论性，而是将理论与实践结合起来，通过丰富的创业案例、实例来丰富理论上的知识。就教学方法的实践化看，要求在创业教育教学过程中综合运用各种教学方法，包括案例讨论、互动讨论、开放交流等多种方法，倡导模拟式、体验式、参与式的教学方法，增强学生对创业行为的体验和理解，保持对创业过程的全程感知，增强学生创业的实践技能以及增加应对困难的方法。第二，实践体系课程化，即要求创业教育实践体系必须在科学规划的基础上，完善现有的体系，强化实践的育人价值。具体内容有四个方面：首先，将创业实践教育与专业实践实习相结合，保证创业教育不偏离专业教育；其次，转变创业教育的实践观念，即创业教育实践必须是参与式、体验式的实践，是动手的实践，而不是流于形式的实践；再次，要规范创业实践教育的过程，教师应该做好全程跟踪与辅导；最后，强化创业实践教育的考核机制，在考核过程中需要重视能力的养成，注重创业实践的实施过程，而不应该重视创业结果的评比。

第三节　高校创新创业人才培养的理论基础

一、创新创业理论

（一）约瑟夫·熊彼特的创新创业理论

基于“创新”的观点，约瑟夫·熊彼特提出的创新创业理论指出，“创新”是创业行为必须具有的特性。1912年，约瑟夫·熊彼特在其《经济发展理论》一书中第一次提出了“创新”这个概念。根据创新理论，约瑟夫·熊彼特解释和阐述了资本主义的产生和发展。他认为，创新指的是对生产要素的重新组合，比如产品、生产方法。正是由于对生产要素的重新组合，也就是建立在创新之上的创业行为使得经济能够不断地发展。约瑟夫·熊彼特又把创业行为分类：①采用一种新的产品。也就是消费者还不熟悉的产品或一种产品的一种新的特性。②采用一种新的生产方法。该方法是在有关的制造部门中尚未通过经验检定的方法，这种新的方法不需要建立在新的科学发现基础之上，该方法还可以做为一种新的处理产品的方式存在于商业中。③开辟一个新的市场。也就是有关国家的某一制造部门以前不曾进入的市场，不管这个市场以前是否存在过。④掠取或控制原材料或半制成品的一种新的供应来源。也不问这种来源是已经存在的，还是第一次创造出来的。⑤实现任何一种工业的新的组织。比如造成一种垄断地位或打破一种垄断地位。如果没有创新、改变，一切都处于平衡的静态的“循环流转”之中，人类的经济生活便无法继续发展。只有创新，企业家才会出现，才能够产生利润、资本和利息。为了追求更多的利润，企业家不断地重组生产要素，从而实现创新。企业家成为组织和推动“创造性破坏”的人。经济的非均衡状态因创新而被打破，动态性经济运动和经济发展由此产生。创业的最终实现是市场上出现创新成果，创业者的作用不在于发明某种东西或创造供企业利用的条件，而是在于有办法促使人们完成这些事情。约瑟夫·熊彼特进一步指出，创业活动是经济体系发展的根本动力。在约瑟夫·熊彼特看来，创业者不一定是“企业家”或“资本家”，但一定是实现“新组合”的人。与此同时，企业家在资本主义经济发展过程中的独特作用受到约瑟夫·熊彼特的重视，他认为，只有胆识过人的企业家，才能充分体现资本主义制度的正当性，才是资本主义制度的引擎动力。企业家的职能是实现新组合，任何能在实际中履行上述定义的都可称作企业家。他们不仅是交换经济中独立的主意人，还是创新的主体和灵魂，也是一种特殊的类型，也就是说，他们的行为是一个特殊的问题，是大量重要现象的动力。从目的看，企业家的行为和其他行为是不一样的，它是以创新为目的的。创新是企业家特有的工具。

（二）彼得·德鲁克的创新创业理论

彼得·德鲁克是美国著名的管理大师，他的创新创业理论和约瑟夫·熊彼特的有着相同之处，都强调创新的重要性，特别关注企业家的精神世界，认为他们做的事情应该是与众不同的。一个社会要想健康地发展，就必须创新，人们可以通过学习获得创新的能力。在约瑟夫·熊彼特的创新创业理论的基础上，彼得·德鲁克进一步发展并阐述了“创造性的破坏”。“创造性的破坏”是一种对产品和服务的改变，使资源能够创造财富，为社会创造价值的行为和能力。彼得·德鲁克既从经济的角度又从社会的角度强调了创新的重要性。他认为，创新是一种实践，它的主体是企业家。无论是在经济领域，还是在社会、管理领域，企业家都发挥了重要的作用。与此同时，从创造的资源来看，除了经济范畴，还包括资本、物质、劳动力和管理等资源。彼得·德鲁克特意指出，创新无处不在，只要在事物结构中系统化、有组织地创新，就能保持社会经济的连续性。无论是什么组织，都可以创新，都可以学习企业家精神。彼得·德鲁克尝试把创新当作一门学科来研究，以供人们学习和实践，同时提出了有目的的创新、企业家战略和企业家管理。在传统观念里，创新虽然能够为消费者带来价值和满足，却是高不可攀的。实际上，创新是可以通过学习和训练获得的。不论是对企业还是变革的领导者，创新都不仅是愿意接受新的、不同的事物，还需要有意愿和能力以改变现行做法。换句话说，企业必须建立系统的创新政策才能够创新成功。光注意创新来源还不行，还要在精密分析的基础上开展系统的研究，要有计划、有步骤地进行。彼得·德鲁克指出，创新是一项理性的、可以组织的、具有系统化的工作，能够被培养和管理。创业是一种“可以组织，且是需要组织的系统性的工作”，甚至可以成为日常管理工作的一部分。成功的创业者不是坐等灵感的降临，而是要实际工作。创新在创业的过程中起到了很重要的作用。什么是创业呢？彼得·德鲁克认为，创业是可以创造出新的、与众不同的事情，且可以创造价值的活动。就创业者和企业家而言，虽然一些发明家是创新者，但是他们不懂得如何管理，因而无法将创新成果加以转化，成为创业者。首先，企业家精神和人格特点没有关系。他把有着企业家精神的创新者叫作保守的创新者，是因为在成功的创新者和企业家中，没有一个人具有冒险倾向。其次，企业家精神和公司规模性质没有关系。企业无论大小、是国有还是私营，都需要创新，企业里的任何人也都可以成为企业家。观念和理论是创新的基础。只要成为创新的主体，就能成为创业者或企业家。通常情况下，人都是从小规模且简单的创新开始的，逐渐发展为较大的创新。可见，企业家精神是要一步一个脚印、日积月累才能得以体现的。彼得·德鲁克认为，要把创新转化为行动及结果，杰出的创新者需要经过某种训练得以掌握，创新才会有效。综上所述，从彼得·德鲁克的创新创业理论能够看出，管理创新的行为事实上就是创业行为，管理创新的能力（也就是创业能力）是可以通过后天的学习获得的。

二、人才培养理论——斯滕伯格（Sternberg）的 WICS 理论

（一）斯滕伯格的 WICS 理论的定义

斯滕伯格的 WICS 理论模型指的是智慧、智力、创造力三者的整合，由智慧平衡理论、成功智力理论和创造力投资理论组成。斯滕伯格在他的成功智力理论中指出，个体智力由三部分组成，即分析性智力、创造性智力和实践性智力。其中，分析性智力指的是分析、评价、比较、判断的能力，能够帮助学习者综合地应用各种知识界定问题，找到解决办法；创造性智

力指的是创新地使用各种知识的能力，能够帮助学习者在面对新异时，发现问题且创造性地解决问题；实践性智力指的是适应、改造、建设的能力，能够帮助学习者有效地将想法付诸实践。斯滕伯格从自己的研究中发现，分析能力、创造能力、实践能力这三者在很大程度上是相互独立的。当人们在现实生活中遇到问题时，分析能力、创造能力、实践能力可相互协调以共同解决问题。通过分析性智力、创造性智力和实践性智力之间形成的平衡，人获得了成功。

创造力投资理论认为，任何人都有创造力，只是创造力的领域和层次不同。创造力集分析能力、创造能力、实践能力为一体。创造性的工作需要运用且平衡上述三种能力。创造力由智力、知识、思维风格、人格、动机、环境这六种因素构成。实际上，创造力投资理论是对成功智力创造性的延伸。智力、知识、思维风格、人格、动机、环境从不同的方面和程度对创造力产生着影响。智力因素由两种能力组成，一是重新界定问题的能力，二是对问题的洞察力。重新界定问题的能力依赖于一系列的洞察技能，比如敏锐地发现问题的关键因素，实行有意的组合，同已有的信息比较和分析。因此，重新界定问题是创造性解决问题的开始。知识因素和创造力呈现的是倒U形的关系。首先，创造性思维是以一定的专业知识为背景的；其次，个体的创造性发展又会因为专业知识的成熟和完整受到阻碍，也就是说，适量的知识对创造力的产生是最有利的。思维风格指的是人们运用智力和知识解决问题的倾向。一般情况下，具有立法型思维风格的人愿意自己制订规则，凡事都要按照自己的方式去做，这对创造力的产生是有利的。在人格因素中，对模糊的容忍度、坚韧、坚持、自信、冒险等特质对创造力的产生有着非常重要的作用。动机因素中的个体内在动机和任务定向动机能够激发创造力。当然，要想发挥创造力，还需要发挥环境这个因素。

基于成功智力理论和创造力投资理论，人们提出了智慧平衡理论。智慧平衡理论指的是通过平衡个体内部的、人际的、个体外部的短期和长期利益，运用成功智力与创造力获得共同利益。在面对真实情景和现实问题时，多元智力的平衡运用和创造性运用形成了智慧。智慧平衡理论关注的是在教授学生知识和技能的基础上，使其能够智慧地思考并解决问题。从本质上看，智慧平衡理论是成功智力实践性的延伸。

（二）WICS 理论模型在教育实践中的应用

1. 在卓越中平等

斯滕伯格认为，美国的教育一直十分重视记忆能力和分析能力。这种教学理念既体现在课堂教学中，也体现在考试中。因此，通常情况下，如果一个学生有着比较强的分析能力，他的成绩就会很突出。对那些实践能力、创造能力比较强的学生而言，他们无法在这种教育理念下得到足够的重视，导致其个性发展受到了阻碍。另外，在斯滕伯格所处的年代，美国社会选拔人才的系统过于封闭。考试分数和学业能力成为人才选拔的标准。因此，具有创造性和实践能力强的人一直处于劣势。封闭的系统封锁了个人的选择，许多人被剥夺了本应该属于自己的机会，整个社会也因此失去了他们的天才。为了体现教育的平等，也为了让更多的学生能够获得成功，斯滕伯格在教学中实行改革，提出了全新的教育目标——在卓越中平等。斯滕伯格认为，教育者要摒弃过去的观念，建立新的学生观、教育观、学校观，学校不是竞技场，需要满足不同学生的需求。与此同时，对具有不同能力模式的学生而言，学校要鼓励其个性化发展，努力为其提供能够使其提高知识和能力的一切可能性。在卓越中平等，以真正的教育平等来确保教育优异。

2. 为成功智力而教

2000 年，斯滕伯格在多元化智力和能力研究的基础上，提出一套最大限度地满足每一个学生的能力发展的为成功智力而教的“三元教学与评估”方案。这套方案不仅使教师的教学和学生的能力得以匹配，也使评价和教学活动得以匹配。从实践的情况来看，“三元教学与评估”方案对学生的学习有很大提升，不仅促进了传统教学中对学生记忆能力、分析能力的培养，也凸显了其在创造性和实践能力培养上的优势。

3. 为智慧而教

2001 年，基于智慧平衡理论，斯滕伯格提出了另一教育观点——为智慧而教。斯滕伯格认为，对社会而言，只有正确地使用知识和技能，才能拥有其给人类带来的值得期待的有福祉的未来；只有在一定的价值观框架内，知识和能力的使用方向才得以保障；要想从多元的视角去看待一个问题，人们必须基于正确而合理的判断。因此，只有培养学生的“责任意识”，学校才能够将“智慧”作为一个教育目标。学校教育不是为了培养出“百科全书”式的学生，也不是为了创造性和批判性去培养学生，而是要让他们学会用自己的智慧去思考问题、解决问题，基于自己掌握的知识和具备的能力，创造性地用在促进社会的发展上，多承担一些社会责任。

（三）WICS理论模型对我国高校大学生创新创业能力培养的指导意义

1. 使创新创业教育目标的落实更加稳健

创新创业活动对就业增长有着明显的扩大作用，因而一些地方政府和高校把它看作一条提升就业率的好途径，希望越来越多的大学生能够通过创新创业实现就业。从现实的情况来看，有的高校把创新创业教育和学生开公司混为一谈，把培养学生企业家作为创新创业教育的目标，存在着理解上的误区。根据斯滕伯格提出的WICS模型，教育的目标是要培养出具有一定的能力且将它们应用到实践中，从而改造和促进社会发展的人。近些年来，随着创业型经济在我国的快速发展，我国对这方面人才的需求越来越大，因而带来了创新创业教育的蓬勃发展。高校的创新创业教育要想满足社会经济发展的需要，只是培养出几个企业家还远远不够，要立足教育的根本，培养出具有改造社会的能力的群体。因此，能够看出，WICS理论的人才培养观点和我国创新驱动发展战略的人才需求是相符的。因此，高校要根据时代背景和社会经济的需要认真思考创新创业教育的培养目标，为社会培养出具有创造能力、有社会担当的劳动者。

2. 使创新创业教育的内容更加丰富

开设创业知识和技能课程、举办创业讲座、开展各级各类创新创业大赛、扶植学生创新创业项目孵化是目前我国高校创新创业教育普遍采用的模式，对大学生了解创新创业的相关知识、参与创新创业实践活动具有一定的促进作用。可这些教学内容侧重培养学生的实践能力，斯滕伯格提出的 WICS 模型中的分析性智力和创造性智力的培养。一种有效的教育手段是要全面地培养学生的多元智力因素，均衡发展各项能力，使其相互促进、共同提高。尤其是创新创业教育，只培养学生的创新创业技巧是不够的，如何运用学到的知识创新、具备创新创业精神和能力也应该成为创新创业教育的重要内容。只有做到这些，创新创业教育才能够培养出符合我国社会发展需要的创新创业力量。

3. 使创造力的培养和教育教学融合发展

对学生创造力的培养是在学校教育、课堂教学中完成的。高校要把培养学生的创造力作为教学目标；通过制订教学任务和设计教学方法，形成科学客观的评估体系，在整个教学过程中体现为创造力的培养。学生在创新创业教育的培养下形成了创造性的人格，敢于冒险、敢于质疑，受到了更多的鼓励和支持。高校要为学生营造一个对创造性行为给予支持、鼓励和保护的良好环境。从高校开展创新创业教育的实践来看，高校并没有将创新创业教育和专业教育融合在一起。根据创造力投资理论，独立存在的创新创业知识和技能培训可能会在知识获得和运用、在关系和组织协调等能力上起到一定的促进作用，但是对个体真正形成知识应用、机会把握、运营管理等维度中体现个体创造力的特点，诸如开拓能力、创新创造能力、果敢把握机会的能力等方面并没有太大推动。笔者对大学生创造性智力开展的一项问卷调查表明，几乎所有的大学生都认为自己的创造力因素有所欠缺，如创新、创造、开拓、规划，这也从另一方面说明我国高校创新创业教育在内容上是需要完善的。

4. 使创新创业教育更加系统化

培养学生的创新创业能力是高校创新创业教育的根本目的，创造力则是这一能力的核心素质。根据斯滕伯格提出的 WICS 模型，创造力主要由六种因素构成，即智力、知识、思维风格、人格、动机、环境，平衡运用分析能力、创造性能力、实践能力是创造性工作的过程。正是这六种因素的共同发展和相互作用，才产生了创造力行为。从构成创造力的因素和其产生的机制能够看出，培养创造能力是一项系统化的工程。以完全智力为基础，加之各种因素的促进，综合平衡运用各方面智力，同时正确引导学生开展创造力的实践应用。因此，高校在培养学生创新创业能力的过程中，需要根据创造力的培养规律将创造型人才培养理论纳入课程体系中，以寻求创新创业型人才培养的新途径。

第二章　高校产教融合培养模式概述

第一节　产教融合的概念与特征

随着社会经济发展方式转变与产业结构的转型升级，产教深度融合成为我国职业教育改革的重要抓手、现代职业教育体系建设的实践指向和职业教育发展的必然选择。国务院《关于加快发展现代职业教育的决定》（国发〔2014〕19 号）明确提出，“加快现代职业教育体系建设，深化产教融合、校企合作，培养数以亿计的高素质劳动者和技术技能人才”，“到 2020 年，形成适应发展需求、产教深度融合、中职高职衔接、职业教育与普通教育相互沟通，体现终身教育理念，具有中国特色、世界水平的现代职业教育体系”。产教融合是在广泛借鉴和吸收发达国家职业教育的人才培养经验且结合中国实际提出的、加快现代职业教育发展的重要指导思想。

一、产教融合的概念

产教融合是一个广义概念。“融合”意为“几种不同的事物合为一体”，意义同“融和”。“融合（和）”比“结合”“合作”的立意更高，更强调“产”和“教”之间的联系、互动、和谐。这里需要首先弄清“产教”的含义。“产教”有两层含义。第一层含义是指产业（行业、企业）与教育（主要是学校教育）。产业在《现代汉语词典》的解释为“构成国民经济的行业或部门”。从经济学角度解释，产业是指存在并发展于社会、经济、管理活动中的人才、技术、资金、物资、信息等要素及这些要素连接而成的社会生产的基本组织结构体系。产业从属于经济，企业是产业的外在表现形式或构成单元。产业结构是国民经济结构中各产业之间的比例关系和结合状况，是国民经济结构的主体和基础。随着经济和社会的发展，产业的内涵和外延不断丰富，其英文对应词 industry 也有“工业、企业、制造业、行业”等多种解释。由于职业教育具有教育与经济的双重属性，职业教育资源具有生产性资源的特征，产教之间的关系也通常用经济结构与教育或专业结构的关系原理来解释。因此，产教融合涉及职业教育的办学思想和体制构建问题。产教的第二层含义是可理解为“生产与教学”。其中，“生产”（含服务和经营）是职业教育教学的重要形态，侧重教学的实践情境；“教学”则侧重知识内容和技能、方法的学习。从这个层面上讲，产教融合侧重职业教育的教学模式和方法问题。职业教育的专业设置必须契合产业要求，课程内容必须对接职业标准，教学过程必须贴近生产过程，人才规格必须达到企业标准。

基于上述对“产教”与“融合”的分析，我们试图界定产教融合的内涵。笼统来讲，产教融合是产业系统与教育系统相互融合而形成的有机整体。具体来讲，产教融合是教育部门（主要是院校）与产业部门（行业、企业）在社会范围内，充分依托各自的优势资源和优势，以互信和合约为基础，以服务经济转型和满足需求为出发点，以协同育人为核心，以合作共赢为动力，以校企合作为主线，以项目合作、技术转移以及共同开发为载体，以文化共融为支撑的产业、教育内部及之间各要素的优化组合和高度融合，各参与主体相互配合的一种经济教育活动方式。

二、产教融合的基本特征

从上述产教融合概念的界定可以看出，职业教育产教融合具有六个基本特征。

（一）产教融合的“双主体”特征

产教融合是产业和院校“双主体”的相互作用与联系。企业是产品生产、技术开发和成果应用的主体，高校是人才培养的主体，两者缺一不可，共同参与高素质劳动者和技术技能型人才的培养。院校要发挥主动性，积极融入产业、结合行业、联系企业。本书的这种观点与一般只承认企业是产学合作主体的看法截然不同。

（二）产教融合的“跨界性”特征

“工学结合、校企合作”的办学思想和人才培养模式，彰显明确的“跨界”特性。产教融合是生产和教育要素有机组合的形式，既是教育性的产业活动，又是产业性的教育活动，还是教育性与产业性的有机统一，与政府的推动作用和社会的参与密不可分，体现明显的“跨界”特征。

（三）产教融合的“互利性”特征

产教融合的互利性是指产教融合的主体双方具有“双向互动的和谐统一关系”，互动是指具有相互联系的双方使彼此发生作用或变化的过程，其目的是获得彼此满意的效果与结果。基于满足“产”“教”双方需求的互动形成对双方发展的驱动。职业教育通过对区域产业所需技术技能人才的输出形成对区域产业的发展驱动，而区域产业通过对职业教育技术技能人才的需求形成对职业教育的发展驱动，双方在相互作用、相互影响中互动融合与发展。产教融合的互动性表明，“产”与“教”能够通过以人才供需关系为纽带的互动实现融合，通过融合实现良性互动。

产教融合能够带来主体共赢效果。对职业院校而言，将自身融入区域产业的发展环境中，有利于跟进区域产业发展转型、结构调整设置和建设专业；有利于人才培养目标的定位和课程开发建设；有利于“双师”队伍建设；有利于实践基地建设；有利于人才培养模式创新；有利于促进毕业生就业和提高就业质量。对区域产业而言，将自身融入职业教育的发展背景下，有利于建设区域产业发展所需技术技能人才的稳定、可靠来源；有利于区域产业的人才需求对接职业院校的人才培养以获得高素质技术技能人才；有利于提前吸纳毕业生接受企业文化的熏陶；有利于与职业院校合作开展技术研发和享受技术支持服务；有利于企业员工的培训与继续教育，有利于促进企业生产效率与经济效益的增长等，即产教融合能够促进职业教育与区域产业互惠双赢。

通过产教融合，高校和企业资源共享，实现自身利益的最大化，这是产教持续合作的动力和根本目标。同时，产学融合也具有明显的“公益性”

特征，以提升教育能力和社会利益最大化为目标，需要校企双方承担协同育人的社会责任。

（四）产教融合的“动态性”特征

经济结构包括产业结构、就业结构、技术结构等要素，产业结构优化升级是经济结构战略性调整的重点。教育结构包括类别结构、专业结构、程度或级别结构等，它的调整受经济结构的制约，又反作用于经济结构并促进经济结构不断完善。产业结构调整必然引起就业结构的变化，而就业结构的变化反过来又促进高校的专业结构调整。同时，教育结构（包含专业结构）内部也处于不断的变化、改革和调整中。因此，教育结构与产业结构之间的不适应是常态，两者始终处于从不适应到适应再到不适应的动态循环和变化之中，具有“动态性”。

（五）产教融合的“层次性”特征

产教融合的层次性是指，产教融合的方式与重点，因职业教育的层次不同而不同。虽然高职教育与中职教育同属职业教育，但因生源对象不同，其人才培养目标与规格要求不同，因而实现产教融合的方式与重点便有所不同。中职教育的生源对象是初中毕业生，学生文化程度较低，其培养目标是技能型人才，因而产教融合的重点是培养学生的一线重复性操作岗位的操作技能；而高职教育的生源对象是高中毕业生和中职毕业生。他们的文化程度稍高或具备一定的操作技能，且具备一定的问题导向思维培养潜力。其培养目标是技术技能人才，因而产教融合的重点是培养学生的一线生产技术应用能力及创新能力，尤其是培养学生发现技术问题、分析技术问题和创新解决技术问题的能力。

经济发展和结构调整必须依靠知识和技术创新。知识不再是院校的“专利”，而被视为企业最重要的战略资源和提高企业竞争力的关键，成为产教合作中的重要因素。产教融合的实质是校企之间知识的流动和增值。教育通过与产业融合提升品质，产业通过与教育融合寻求技术支撑，两者交融，实现知识、技术、人才等要素的合理流动。

（六）产教融合的“知识性”特征

产教融合的职业性是指产教融合针对职业教育而言，指向区域产业基层职业所需技术技能人才的职业能力培养。由于职业教育是“传授某种职业或生产劳动必须的知识、技能的教育”，是“培养人学会生存技能的社会活动”，具有明确的“职业定向性”，而产教融合是服从于职业教育人才培养的，因而产教融合具有明显的知识性特征。

一是宏观层面的国家和地区国民经济和事业发展战略和规划中有关产业与教育融合的方略设计；二是中观层面的教育部门（含院校）与产业部门（含行业、企业）基于“需求导向”的办学思想、办学体制、办学行为的相互适应和配合；三是微观层面的院校教育教学过程与企业生产过程的衔接和统一。

第二节　产教融合的演化发展

职业教育与产业、行业、企业有着天然的联系。产教融合也称作“产教结合”，既是早期产学合作教育的升级版，也是历史发展的必然产物，与职业教育相伴而生、相辅相成，还是贯穿、支撑和引领职业教育发展的重要教育思想。在我国，产教融合职业教育思想的形成大致经历三个阶段。

一、产教融合思想形成的第一阶段

（一）近代时期

即近代的“实业教育”阶段（1865—1911 年）。实业家张之洞、周学熙等分别提出“讲习与历练兼之”“共学并举”的兴办教育和兴办实业结合、实业生产与教学活动结合思想，是职业教育产教结合思想的萌芽阶段。

张之洞作为“实业兴国”的倡导者，认为培养人才不仅在于要学生掌握空泛的书本知识，更主要的是培养学生的动手能力，以适应日后工作的需要，他提倡“讲习与历练兼之”。在实业学堂教学中，张之洞认识到理论与实践之间的相互依存关系及培养学生动手能力和实干精神的重要性。因此，《奏定实业学堂通则》规定各实业学堂的课程都由“普通科目”和“实习科目”两部分组成，各学堂都应准备实习场所和实习器具，高等农业学堂当备“肥料制造场、农事实验场、各种实习室、农具室”；高等工业学堂当备实习工场；高等商船学堂则当备“练船坞及实习练船”。张之洞还注意到实业学堂校址的选择，他认为，“通商繁盛之区，宜设商业学堂；富于出产之区，宜设工艺学堂；富于海错之区，宜设水产学堂”，这样既给学生实习提供便利，也能促进学堂附近地区社会经济的发展。张之洞的这种产教结合思想实际上就是要求教育教学过程同生产过程融为一体、互相渗透，教育教学要求同生产任务统一安排、密切结合。

无独有偶中国近代著名的实业家周学熙在兴办实业教育的过程中，敏锐观察到近代工业学堂培养的人才“理论多而实验较少”“大抵因习其理而不习其器，则终无真切之心得”的弊端，提出“共学并举”，即学校的理论学习和实业生产相互融合为了实现自己的这一思想，周学熙成立了实习工厂和劝业铁工厂，并规定实习工厂必须“与工业学堂联络一气，兼以工厂为工业学生实验制造之所，而学堂各科教习可为工厂公徒讲课之师，相辅而行”。为进一步提高实习水平，他还要求师生每次实习都要和工匠一起设计，制造出一副三匹马力卧机，且列入实习课考试的主要内容。他认为这样做可使学生达到“举一反三，充其识力造他式之机器”的目的，这种“习其理”和“习其器”相结合的做法实际上就是产教结合思想的一种体现。

从近代兴办实业教育的过程可以看出，一些实业家认识到教育要与实业相互促进、共同发展，实则乃是当时历史条件下产教结合思想的特定形式，即将兴办教育和兴办实业结合。这种结合既有宏观层面的实业和教育结合，也有教学体制层面上的实业生产与教学活动的结合。这一时期是职业教育产教结合思想的萌芽时期。由于当时发展实业教育主要是为了挽救腐朽的清王朝，因而有关产教结合的思想不可避免地带有一些封建色彩，但这相对于传统教育思想而言，在当时已经是一个巨大的进步。

（二）民国时期

黄炎培、陶行知等大力倡导“手脑并用、做学合一”“产教联办”“生利主义”的“教学做合一”的产教结合思想，这是初期产教结合思想形成阶段。

民国时期的职业教育摆脱了封建体制的束缚，同时受西方教育思想中重视技艺教育的影响，职业教育在这个时期有很大的发展。黄炎培、陶行知等教育家是这个时期职业教育思想的代表人物，产教结合思想在他们的教育活动中贯彻始终。

黄炎培，中国职业教育改革的先驱者。他认为职业教育应该“理论与实习并行，知识与技能并重。如果注重书本知识，而不在实地参加工作，是知而不能行，不是真知，职业教育目的乃在养成实际的、有效的生产能力”，从而提出“手脑并用、做学合一”的原则。1917 年，黄炎培兴办了中华职业教育社，中华职业教育社在章程中明确规定：本校特重实习，生徒半日授课、半日工作，务期各种技能达到熟练的程度。中华职业教育社主办的职业学校都大力倡导“产教联办”，职业学校都办工厂（场）、农场、商店、蚕场、林果场等，为学生提供实习场所，使学生不仅学到理论知识，也掌握必要的操作技能。

陶行知，我国民主革命时期的人民教育家。他在考察研究中国教育现状和社会实际中，针对当时教育“教用脑的人不用手，不教用手的人用脑，所以一无所能”的通病及“教人分利不生利”的现状，大力提倡“生利主义”的职业教育思想。

通过职业教育给人以适合其个性特长的专业化技能训练，培养能够掌握特定劳动部门的基础知识、实用知识和技能技巧的人才及经营管理人才，且能在实践中对人类、对社会作出应有的贡献。据记载，陶行知在南京郊区创办的晓庄师范学校校内设有农艺馆、工场、畜牧场、合作社等，还与中华职业教育社合办“晓庄茶园”和“木匠店”，根据“生利主义”精神和“学做合一”的教育法培养技术人才。其实，这是“以产兴教”的产教结合思想。综上可见，民国时期的产教结合思想强调的是微观层面教学体制上的产教结合，即把教育教学过程同生产（含经营、服务）过程融为一体、互相渗透，教育教学要求同生产任务统一安排、密切结合。这一阶段是产教结合思想真正形成的时期，为后来产教结合思想的发展奠定了坚实的基础。但是，由于当时半殖民地半封建社会的性质，产教结合思想难以找到滋润其发展的沃土，因而又一次被历史的洪流冲没。

（三）中华人民共和国成立前期

“劳教结合”是在建立和发展革命根据地、开辟农村包围城市武装夺取政权的革命道路、创立和壮大红军的革命斗争中形成的产教结合思想。毛泽东认为对知识分子开展思想转化必须做到知识分子与工农相结合，提倡知识分子到群众中去，实现“知识分子劳动化”和“劳动人民知识化”，大力倡导工农教育。

徐特立，我国著名教育家，战争时期为我国革命根据地教育事业作出了巨大的贡献。在那个特殊的时期，他提倡教育与生产劳动相结合，主张把青少年培养成为“劳力与劳心并进，手和脑并用”的一代新人，并明确提出:“苏维埃的教育是要扫除那种‘读书’同生产脱离的寄生虫式的教育制度的残余，而使学校同生产劳动密切地联系起来。”在如何实现教育与生产劳动相结合的问题上，徐特立提出要让学生参加课余劳动、勤工俭学和半工（农）半读，既能让学生为社会创造财富，又能使学生学会生产技能。显然，徐特立提倡的是教育教学过程中的产教结合形式。在革命根据地的艰苦时期，“劳教结合”意义重大，适应了战争年代的需要，扩大了产教结合思想内涵，同时也证明了产教结合思想强大的生命力。这一时期，产教结合思想既体现在解放地区发展战略、发展规划的宏观层面上，又体现在生产规划与学习相互结合的微观教学层面上，在特定的历史时期达到消灭智力劳动与体力劳动的对立、满足战时需要的目的。革命根据地时期，产教结合活动的开展虽然受到众多条件的限制，可产教结合的思想没有停滞不前，而是继续指导着职业教育的发展。

二、产教融合思想形成的第二阶段

（一）中华人民共和国成立之初

中华人民共和国成立初期，国家大力发展半工（农）半读职业技术学校和各类业余学校，培养经济建设需要的有文化的劳动者和技术人员（工人），产教结合思想在这一阶段得到了进一步发展。但在“文革”期间，“半工半读”变成“生产劳动取代学校教育”的“左倾”化局面，偏离产教结合的思想。不过，这种“半工半读”的教育模式对今天的“工学结合”和中国式“双元制”职业教育的探索仍有一定影响。

中华人民共和国成立之初，我国经济建设的发展需要大量有文化的劳动者，特别是技术人员和技术工人。为了妥善解决这些问题，党中央在20世纪50年代末期提出了实行“两种教育制度”的主张，要求大力发展半工（农）半读职业技术学校和业余学校。这是在当时历史条件下产教结合思想的体现，表现形式主要是“半工半读”。从中华人民共和国成立到“文化大革命”以前的产教结合思想，强调根据我国的社会经济发展水平，把教学同生产劳动结合在一起，边学习、边劳动，既满足广大青年学生要求学习的愿望，又达到了普及教育为国家培养合格建设人才的目的。这种产教结合的思想当时主要通过工农速成学校、职业技术学校、文化补习学校、夜校或者函授学校等单位实施。产教结合思想在这一时期得到进一步发展。但是，受“文化大革命”的影响，全国的教育事业遭到巨大破坏，“两种教育制度”也未能幸免。

（二）改革开放初期

国家先后出台《关于教育体制改革的决定》（1985年）、《关于大力发展职业技术教育的决定》（1991年）、《中华人民共和国职业教育法》（1996年）等重要文件，明确提出职业学校要实行“产教结合”的办学思想，鼓励“积极发展校办产业，办好生产实习基地”，大力倡导职业教育紧紧依靠企业、行业，面向社会办学，为经济社会服务。

1989年9月，国家教委下发《关于在一百个企业进行教育综合改革实验的通知》，要求各实验企业以建立现代企业教育制度为目标，开展企业职工教育体制的改革与实验。这时，企业纷纷兴办各类职业教育。1991年，在国务院《关于大力发展职业技术教育的决定》中强调，各类职业技术学校和培训中心应根据教学需要和具备的条件，积极发展校办产业，办好生产实习基地，提倡产教结合。1996年颁布的《中华人民共和国职业教育法》第二十三条明确规定：职业学校、职业培训机构实施职业教育应当实行产教结合，为本地区经济建设服务，与企业密切联系，培养实用人才和熟练劳动者。1999年，中共中央、国务院在《关于深化教育改革全面推进素质教育的决定》中再一次明确指出，教育与生产劳动相结合是培养全面发展人才的重要途径；各级各类学校要从实际出发，改进和加强对学生的生产劳动和实践教育；职业学校要实行产教结合，使学生在生产实践中掌握职业技能。改革开放初期，我国的产教结合思想主要体现在宏观层面上，即办学体制上的产教结合。教育部门、教育单位（学校）同产业部门、产业单位优势互补、合作办学，学校按行业、企业的需要办学，行业、企业参与办学的全过程。在企业、行业发展较好的地方，积极鼓励中等职业学校与企业结合，较好地解决了城市职业学校教学实习、就业与生产劳动的结合。这一时期的产教结合由于得到国家政策的大力支持和良好的外部环境，处于迅速发展的时期，职业教育发展也因此呈现出勃勃生机的势头。

三、产教融合思想形成的第三阶段

（一）社会经济迅速发展期

20世纪90年代中后期至2010年，是职业教育规模迅猛发展的时期，中等职业教育与高等职业教育并驾齐驱，高职教育占高等教育的“半壁江山”。教育部《关于以就业为导向深化高等职业教育改革的若干意见》明确提出，高职教育应坚持走“以服务为宗旨，以就业为导向，走产学研结合”的发展道路。国务院《关于大力发展职业教育的决定》（2005年）和教育部《关于职业院校试行工学结合、半工半读的意见》（2006年）明确提出，要大力推行“工学结合、校企合作”的培养模式，指出职业院校要“与企业紧密联系，加强学生的生产实习和社会实践，改革以学校和课堂为中心的传统人才培养模式”，使产教结合的思想具体落实到人才培养模式上。特别是《关于全面提高高等职业教育教学质量的若干意见》（教高〔2006〕16号）更细化了“工学结合”“校企合作”培养模式的具体要求，成为近年来高职教育教学改革的行动指南。

2002年是产教结合思想发展的“分水岭”。产教结合思想较以往的表现形式更加具体化和微观化，更多强调的是教学体制上的结合，主要表现形式有“工学结合”“校企合作”等。2002年11月，国务院总理温家宝在全国职业教育会议上强调："企业是举办职业教育的重要力量。要鼓励有条件的企业、企业集团或行业组织发展职业教育。职业院校可由企业单独办、企业联办，也可校企联办。鼓励和扶持中外合作办学，积极引进优质职业教育资源。"2005 年 8 月 19 日，在天津召开的职业教育工学结合专题座谈会上，教育部部长周济指出："当前和今后一个时期，职业学校都要进一步加强与企业的联系，加强学生的生产实习和社会实践，改革以学校和课堂为中心的传统人才培养模式，大力推行工学结合、半工半读的人才培养模式。"2005 年 11 月，国务院《关于大力发展职业教育的决定》再一次明确了"大力推行工学结合、校企合作的培养模式"。2006 年 3 月，教育部颁布的《关于职业院校试行工学结合、半工半读的意见》指出："进一步加强校企合作，加快推进职业教育人才培养模式的根本性转变。职业院校要紧紧依靠行业企业办学，进一步扩展和密切与行业企业的联系，加强教育与生产劳动和社会生产实践的结合，加快推进职业教育培养模式由传统的以学校和课程为中心向工学结合、校企合作转变。"在上述思想的指导下，各地职业学校纷纷实行"校企合作、工学结合"的办学模式，通过"订单式培养"为社会输送了大批理论扎实、技术娴熟的劳动者，为推动社会经济的发展、技术的进步作出了巨大贡献。2002 年至今仍是产教结合思想得以贯彻的最好时期，表现形式也开始趋于多元化，其被赋予新的内涵：它不仅是一种教育思想，更体现为一种人才培养模式。

（二）经济产业深度转型时期

经济产业深度转型时期（2010 年至今）。经过前一时期的发展，"我国高职教育已走出规模发展的阶段，职业教育逐步进入内涵发展阶段"。2010 年，《国家中长期教育改革与发展规划纲要（2010-2020）》提出"制定促进校企合作办学法规，推进校企合作制度化"；"创立高校与科研院所、行业、企业联合培养人才的新机制"。随后，产教融合相继被写入"双一流"建设、普通本科高校向应用型转变等系列政策文件，产教融合已经成为国家优化高等教育供给侧结构性改革、促进校企协同育人的基本手段，是提高人才培养质量的重要机制。

2017 年 12 月，《国务院办公厅关于深化产教融合的若干意见》，把产教融合上升为国家教育和人力资源开发的整体制度安排。2020 年 7 月，《现代产业学院建设指南（试行）》中提出："培养适应和引领现代产业发展的高素质应用型、复合型、创新型人才，是高等教育支撑经济高质量发展的必然要求，是推动高校分类发展、特色发展的重要举措。"2021 年 7 月，国家发改委、教育部联合公布产教融合型企业和产教融合试点城市名单，标志着产教融合上升为国家高质量发展的战略引擎。

党的二十大报告提出普职融通、产教融合、科教融汇的"三融"战略，为教育发展指明了关键点和新方向。两办出台的《关于深化现代职业教育体系建设改革的意见》给出了清晰的改革目标和战略任务，形成以产教融合为重点的现代职业教育建设"一体两翼"新模式。《职业教育产教融合赋能提升行动实施方案（2023—2025 年）》更是从全局着眼，着力破除职业教育产教融合的实践壁垒，形成 5 个方面 19 条政策措施，势在破解"产教两张皮"和"校热企冷"的顽疾。

第三节　产教融合的相关要素

产教融合向广度和深度拓展，是增强办学活力、提高人才培养质量的根本途径，是破解矛盾、解决问题和提高院校核心竞争力的必然要求。当前，全国各地都在加速经济转型和产业升级，职业院校之间的竞争也日趋激烈。可以说，哪所院校推进产学融合的切入点找得准、体制活、机制畅、模式好、措施实、开放度高，产业要素就会向哪里聚集，哪所院校就能赢得发展先机。同样，哪所企业提前介入产教合作，就优先获得高素质劳动者和技术技能人才的选择权，就能提高企业的产品附加值和利润。产教融合的成效取决于教育与产业两者在结合点合作的广度、深度和力度。

广度，即范围和内容。产教融合涉及教育与产业、学校与企业、专业设置与职业岗位、课程标准与职业标准、学历证书与职业证书、教学过程与生产过程、教学项目与生产项目、学校文化与企业文化、学校管理与企业管理、职业院校教师与企业工程师（经济师、管理师）、教育科研与科技开发、教学与培训、实习实训与就业创业等多种要素的对接和适应。校企双方要结合区域和行业需求，依托优势，找准定位，共订培养方案、共同开发专业、共建课程体系、共组教学团队、共研科技项目、共商教学内容、共建实训基地、共订考核标准、共同管理、共享资源、合作育人。职业院校要发挥积极主动作用，与行业、企业一起全面推动教育随着经济“走”，办学规模按照市场需求“动”，专业结构跟着产业结构“转”，人才培养规格适应社会和企业需求“变”，教、训结合行业、企业项目、案例“做”，校园文化融入企业、产业文化“建”，专业教师按照企业工程师“培”，教学运行参照企业“管”，质量考核比照行业标准“验”，多途径、多形式、全方位地落实产教融合政策，推进校企合作，实现工学结合。

深度，可解释为“（工作、认识）触及事物本质的程度”“事物向更高阶段发展的程度”之意。产教深度融合、校企深度合作是职业教育发展的方向。从某种程度上讲，一所院校产教融合的“深度”，决定其生存和发展的高度。要解决产教融合的“深度”问题，首先，认识要有深度，要树立产业深度转型下职业教育必须面向和融入产业发展才有出路的认识，只有思想认识深刻、深入、深化，才能产生动力、激发活力、挖掘潜力，把产教融合推向更高阶段。其次，合作层次由浅入深。实现产教融合，关键在于校企合作。职业院校要结合自身的办学特色和优势，找准企业与学校的利益共同点和联系点，选准突破口，逐步深化，以点带面，逐步提高产教融合的层次。可以从中小企业合作开始，逐步向知名企业靠近，从小项目发展到大项目，延伸向其他方面，逐步提升到战略合作层面；从实践实训模式到订单培养、定向培养、社会培训、企业职工再教育，发展到全方位合作；从简单的技术转让向合作开发、委托开发、共同建立研发和产业化实体、组建股份制企业等转变；从面向一个企业朝面向一个行业转变；从被动适应性、随意性、盲目性向积极主动性、规范性、科学性转变。三是拓展融合途径。产教融合包括专业共建、实习基地共建、校中厂、厂中校、教学工厂、订单式培养、委托培养、工学交替、生产性教学等多种校企合作模式。其中，契约合作是一种新型的产教融合途径，校企之间通过协议、合同方式建立战略合作关系，形成战略联盟，引进企业的设备、技术、标准等并转为自身可利用的教育资源；企业也可利用院校的人才、科研等要素深化合作。四是建立深度融合长效机制。从办学体制上，逐步建立与现代企业管理制度相适应的现代学校管理制度及内部治理体系，如组建学校、行业、企业、科研机构、社会组织等共同参与的学校理社会、董事会或覆盖全产业链的职业教育集团，这是深化产教融合的制度保障和改革方向。在运行机制上形成“人才共育、利益共享、责任共担、过程共管”的紧密、稳定的校企合作机制，是产教融合的根本保证。在可持续发展上形成行业、企业和职业院校共同推进的人才、技术、技能积累创新机制，是产教融合的内在动力。

力度，即推进产学融合、校企合作落实的强度。产教融合不仅成为当今职业教育发展的共识，更要转化为职业院校的意志、行动和价值追求。产教融合、校企合作的实效要通过人才培养质量和服务区域、行业经济的能力体现。值得注意的是，当前职业教育在社会上认同度不高、吸引力不强，除外部环境不完善外，也有教育内部的原因，主要表现在：院校普遍认为产教融合重要，但实际办学往往脱离产业需要；普遍认为校企合作有必要，但实际合作常常处于短期实习的粗浅层次，重数量轻质量，流于形式；工学结合被视为职教特色，但在实际教学中又往往重理论轻实践、重校内轻校外；专业是教育与产业联系的纽带、学校发展的核心竞争力，但开设过于随意，不问市场，忽视需求，盲目上马；课程是教育改革的抓手，但教学内容往往脱离生产实际，教学标准脱离职业标准；院校对制约产教融合的内部问题认识很清楚，却往往缺乏克难制胜的勇气、破解矛盾的魄力和脚踏实地的作为，这些问题都在一定程度上影响了产教融合的“力度”，必须引起学校的高度重视。职业教育要坚持把“产教融合、校企合作”作为推动现代职业教育体系建设、体制机制改革和人才培养模式创新的重要策略，主动围绕区域经济和产业发展战略，贴近市场需要，体现就业导向，不断优化专业结构；主动调整人才培养方案，创新技术技能人才培养模式，真正把产教融合的思想落实到学校管理和人才培养的各个方面、各个层次和各个环节，提升专业服务区域产业的能力，增强人才培养的社会适应性。此外行业、企业要在产教融合、校企合作中发挥积极、能动作用，以多种形式参与职业教育人才培养，为校企合作培养人才提供有力支撑。政府要为校企合作提供良好的外部保障环境，建立投入机制，理顺管理体制，强化行业指导和企业参与，统筹整合区域教育和产业资源，充分发挥其在产教融合中的推动、引导、支持和监控作用。

综上所述，产教融合是我国社会经济发展方式转变和产业结构调整升级对新时期职业教育的必然要求，是构建中国现代职业教育体系的重要内容、加快发展现代职业教育的重要路径。产教融合教育思想对指导我国当前和未来的职业教育教学改革以及促进区域经济的发展必将产生深刻、重要的影响。

第四节　产教融合教学模式的影响因素

一、人才

人才是产教融合发展的核心因素，包括推动产教融合发展的高校专家、企业专家、学生、技工以及政府、行业、中介机构的技术专家等。没有人才，就没有高科技，也就没有高新技术的研发、应用与推广。我国地方高校（包括高职高专和应用型本科高校）的产教融合、校企合作之所以发展缓慢，主要是因为人才匮乏。欧洲应用技术大学除拥有相当数量的教学与科研人员外，还活跃着一支专门的职业群体——“技术转移经理”（Technology Transfer Managers），主要从事技术转移与推广工作。而近年来我国地方高校转型发展的实践表明：人才是高校改革的最关键因素，再好的“转型发展”改革措施，如果没有人认真执行、落实或无能力去落实，亦为枉然。

二、观念

观念包括指导产教融合发展的认识、思想与理念。调研访谈发现，高校中的很多教师甚至中高层干部，对产教融合的具体实施方案认识模糊，仅仅知道产教融合很重要，但不清楚到底该怎样去做，心中没底，正如浙江树人大学校长徐绪卿所言：“大家都知道产教融合重要，目前的关键问题是怎样去做而且要想办法做好。”企业调研访谈的结果更不尽如人意。观念指导人的行动，不论是高校还是企业，产教融合观念的树立是一个亟待解决的现实问题。

三、技术

技术包括促进产教融合发展的新知识、新理论、新技术、新工具、新工艺、新产品等一切可供转移、应用和推广且给社会带来显著效益的知识技术体系。产教融合、校企合作客观需要“以技术为中心”有机联系政府、行业、企业、高校和中介。一般而言，市场需求是技术的源泉，政府是技术的“推动方”，高校是技术的“供应方”，行业企业是技术的“需求方”，中介机构是技术的“转移方”。目前，科技进步日新月异，新技术、新工艺、新产品层出不穷，这是世界各国“技术立国”国策的根本所在，也是世界各国大力推动产教融合、校企合作的根本所在。

四、制度

制度包括保证产教融合发展的国家法律法规、高校产教融合管理制度、行业制订的专业认证标准、企业产教融合管理制度等。目前，不论是国家层面的《职业教育法》修订工作、《高校技术转移法》的制订工作，还是高校层面与产教融合相适应的各种管理制度、企业层面与产教融合相适应的各种管理制度，都较为滞后。近年来，我国地方高校转型发展的实践表明：制度落后业已成为制约地方高校转型发展和产教融合发展的最大瓶颈。

五、资金

资金是保证产教融合顺利实施的基本因素，包括政府资金、企业资金、高校资金和社会资金等。在美国、日本、德国、芬兰等国的校企合作（合作教育）活动资金中，企业已上升为投资主体，其提供的各种项目经费占所有注入资金的60%以上。而我国目前的产教融合、校企合作资金投入主体主要是政府与高校。资金匮乏是导致我国当前产教融合发展缓慢的重要原因之一。

六、项目

项目是推动产教融合顺利实施的有效载体，包括政府项目、企业项目、高校项目、社会项目等。项目，特别是来自企事业单位的应用技术研发与推广项目是推动产教融合、校企合作的最佳载体，也是连接产教融合各主体的关键纽带。调研访谈发现，高校的很多教师都认为“没有合作项目可做，没有资金支持，就无法开展产教融合”。

七、愿景

愿景是产教融合各主体都有参与合作发展的意愿。单一的高校希望产教融合，或单一的政府希望产教融合，都是一厢情愿，高校与企业之间的合作成效主要取决于双方的创新贡献度与创新愿景。从理论上讲，政府、行业、高校、企业、中介都有产教融合的愿景，可由于各主体的愿景不同，往往很难形成理想的产教融合愿景。

八、机构

机构包括政府层面、行业层面、企业层面和高校层面的委员会、董事会、理事会、合作处、基金会、产业发展研究院等管理机构，是影响和保证产教融合顺利实施的组织因素。欧美国家大都建有“合作教育”的专门管理机构，如美国的“合作教育委员会”、日本的“产学官署”等；欧洲应用技术大学都建立了具有决策权的董事会（理事会）组织机构。我国与产教融合、校企合作发展相适应的各级官方管理机构、行业管理机构、企业管理机构、高校管理机构建设都有待进一步加强。

九、平台

平台是影响和保证产教融合顺利实施的物质因素，包括科技园、产业园、实验室、实训室、研发中心、工程中心、实践基地等。国内外产教融合、校企合作成功经验表明：产教融合各主体合作共建研发中心、实践基地等平台是产教融合发展的物质基础，平台越多，产教融合的效益越高；平台水平越先进，产教融合的成果越先进。

十、信息

信息是影响产教融合的虚拟因素，主要包括高校与政府、行业、企业、中介之间的科技需求信息、人才需求信息、项目需求信息等。高校、企业互相之间处于“孤岛”状态最不利于产教融合、校企合作，高校与企业之间“信息不通畅”也是我国过去产教融合、校企合作发展迟缓的重要原因之一，诚如谢江林博士所言，高校与企业之间信息不畅通、不对称不利于高校科技成果的协同转化，提高高校与科技中介机构之间的信息“对称度”变得异常重要。

第五节　基于产教融合的高校创新创业教育共同体构建

一、问题的提出

深化高校创新创业教育是推进高等教育综合改革的重要举措，国家层面通过政策持续推进高校创新创业教育发展。国务院在《关于深化高等学校创新创业教育改革的实施意见》（国办发〔2015〕36号）中提出，探索建立校—校、校—企、校—地等协同育人的新机制，吸引社会资源投入到高校创新创业人才培养上。在《国务院关于推动创新创业高质量发展打造“双创”升级版的意见》（国发〔2018〕32号）中，又进一步要求高校、职业院校深化产教融合，引入企业开展生产性实习实训，强化大学生创新创业教育培训。

与此同时，增强创新型企业的引领带动作用，建设由大中型科技企业、中小企业、高校院所等共同参与的科技联合体。国家层面的政策既为地方高校深化创新创业教育改革指明了方向和具体的实施策略，也明确表明创新创业教育并非高校的一元主体行为，需要多元主体共同参与、协同育人。因此，在组织层面通过产教深度融合、校企全面合作是高校开展创新创业教育的必然趋势。目前，国外已有基于产教融合构建共同体开展创新创业教育的经验。如美国高校与行业企业在学校周边共建能够协调校企关系、促进二者深入合作的专门组织——创新创业加速器。在创新创业加速器内，高校师生能体验到真实的工作环境，强化师生的创新创业实践能力，并获得创新创业教育机会、创业基金和开放性工作区域。这种专门性组织能够促使产业系统和教育系统的资源更加集中，且得到合理的应用，有利于校企双方共同创新与成长。

产教融合是我国国家人才资源开发和教育改革的顶层制度设计与政策部署。《国务院办公厅关于深化产教融合的若干意见》（国办发〔2017〕95 号）提出，将产教融合贯穿人才开发全过程，形成政府、行业、企业、学校和社会协同推进的工作格局。这一战略部署赋予了企业推进协同创新和成果转化的主体地位，有助于基础研究成果加快向产业技术转化。综上分析，地方高校在产教融合背景下构建创新创业教育共同体正迎来良好的政策环境和机遇。

新时代，地方高校深化创新创业教育实践是国家创新驱动发展战略的一个重要组成部分。当前，在国家众多政策的大力推动下，地方高校创新创业教育取得了积极进展，但依然存在一些突出问题。例如，创新创业教育理念滞后，创业教育对行业企业指导帮扶不到位，创业教育与专业教育融合不密切，创新创业项目孵化平台短缺，等等。在某种程度上，这些都与产教深度融合不足紧密相关。产教融合作为一项国家推进人力资源供给侧结构性改革的决策部署，在理念层面要求产业系统和教育系统融为一体、人才链与创新链有机衔接，在组织层面要求学校和企业共同承担人才培养的责任，产教融合的这一理论和实践特性，意味着高校创新创业教育要想办出实效，充分发挥在国家创新驱动发展战略的作用，就必须走与其他要素融合发展、共同发展，即共同体发展的道路。而面向产教融合构建地方高校创新创业教育共同体，则有利于整合产业资源和教育资源，从而实现社会人才培养的供给与需求有效对接。

本书将以产教融合为逻辑起点，在论述构建地方高校创新创业教育共同体的现实可行性的基础上，分析和论证地方高校创新创业教育共同体是如何构建的。

二、理论基础及分析框架

面向产教融合构建地方高校创新创业教育共同体，能够实现创新创业教育教学中的技术与企业生产实践中的技术同频共振，引领企业技术革新和创新发展，提升高校创新创业人才的培养质量。所谓共同体，就是基于共有的特征从而形成的具有一定稳定性的组织形态。德国社会学家滕尼斯（Ferdinad Tonnies）最早提出这一概念，本质上表示一种紧密关系，表达成员之间由共同的价值观念而产生的团体认同和归属。在新时代背景下，基于产教融合构建地方高校创新创业教育共同体，在实践层面有国家的政策性扶持，在理论层面则有相应的理论性支撑。

但是，地方高校创新创业教育共同体离不开政府、高校、企业等主体的合作与沟通。“三螺旋”理论在三者之间的合作与沟通中具有重要的理论指导价值。“三螺旋”理论是指“大学—企业—政府”这三者在保持自己原有的身份和作用之外，各自都表现出其他二者的一些功能，通过彼此间相互促进与联系，促使代表三者的每根螺旋发展线都能够获得更大的能量以进一步相互合作、相互作用，支持在其他螺旋线里产生创新，从而形成持续创新流，使三者共同发展。三螺旋系统内的非线性相互作用可以产生新的知识和资源的组合，能极大地推进区域层面的理论创新和实践。

“三螺旋”理论表明，政府、企业、地方高校是创新创业教育共同体的重要成员，既要承担其原有的职责，还要发挥其他成员的作用，即政府在承担行政治理职责外，还要通过改善创新创业环境和提供资助项目等措施来支持企业参与创新创业人才培养，确保创新创业教育共同体稳定地相互作用与交换；企业在履行提供产品和服务的社会责任的同时，还要与地方高校合作，通过分享富余的生产资源，如知识与技术、设备与项目等，在参与创新创业教育过程中促进自身员工的技术水平增长；地方高校则作为知识和技术资源的主要供给方，承担知识积累和技术创新的责任。

基于“三螺旋”理论启示，在地方高校创新创业人才培养上，高校承担主体责任，企业也是人才培养的重要主体。高校和企业各自根据自身优势开展合作，通过有效的合作方式和途径，实现双方既定的目标任务，达到利益共享。政府通过政策支持、项目资助、服务购买等方式，为创新创业人才培养提供有力支撑。对此，本文认为要建构基于产教融合的地方高校创新创业教育共同体，需要从价值取向、核心要素以及保障机制三个维度出发。其中，价值取向又包含育人主体和教育行动两个层面；核心要素就是建设的核心内容或者说是要完成的关键任务，主要涉及共同体建设具体路径和思路；至于保障机制，则集中在执行、评价、共享和进退等层面。

三、地方高校创新创业教育共同体的价值取向

创新创业教育旨在培养学生创新创业基本素质和开创性。创新创业教育和其他类型的教育一样，旨在促进人的全面发展，而不仅仅是缓解就业压力、创造社会财富那么简单。因此，地方高校创新创业教育应着眼于促进学生实现自身全面而自由的发展。这种发展是“充分彰显个体自我价值，促进负责任的公民意识和民主参与的知识、技能和能力的发展”。在明确创新创业教育价值的基础上，构建地方高校创新创业教育共同体需要进一步转变育人主体和教育行动的价值取向。

1. 育人主体：“单一”转向“多元”

创新创业教育具有目标的多重性、对象的广泛性、发展的时代性、学科边界的模糊性和复合性、教育教学方法的实践性等特征，从而要求其育人路径开放和育人主体多元，基于系统理论分析，地方高校创新创业教育是一个高度协调和综合的开放型生态系统，系统内要素的融合影响着整个生态的完整，要素的融合也离不开区域协同、产教协同、政企协同以及校内协同等的同步推进。

因此，构建地方高校创新创业教育共同体要打破“单一”育人理念的束缚，转向“多元”主体协同育人。地方高校坚持以培养人为逻辑起点，深化自身内涵发展为目标，通过提升自身的教学、科研质量，通过供给优

质智力资源，广泛获取丰富的校外育人资源，例如，合理整合政府的政策、资金资源要素，尽可能利用行业企业的技术、设备资源和资金优势等，发挥政企校协同创新的引领作用，规避政策壁垒、利益壁垒，充分释放整个社会的创新创业活力，协同显性教育与隐性教育，达到正规教育与非正规教育的衔接，进而促进多元主体在思想观念和教育方式等方面的协同，培养符合经济社会发展需求的创新创业人才。

2. 教育行动："理论"转向"实践"

产教融合要求产业与教育在功能集聚和发挥的过程中实现"弹性化"调整，进而形成具有耦合性功能的新系统。这个新系统需要完成由理论向实践的第二次跨越，与创新创业教育要求整合理论学习与实践探索具有一致性。正如英国学者迈克尔·吉本斯认为，创新创业教育应在基础和应用、理论和实践之间不断交互。这表明高校学生创新创业能力的培养和发挥，与社会实体开放性地延伸密切相关。创新创业教育中蕴含大量的难以通过语言来表达的缄默知识。高校当前创新创业教育采取的灌输式传授方法不利于缄默知识的生成，疏通其生成路径则需要建立提供学生"做中学"的实践导向培养体系。"做中学"是将知识的对象和认识的主体统一于人的行动或经验，将教育与个人经验作有机联结，而不再处于彼此分离的状态。

因此，构建地方高校创新创业教育共同体强调教育行动由"理论"转向"实践"，并不是一味鼓励学生从事"摆地摊"式的简单化的创新创业实践活动，而是要引导学生善于去发现和探究问题，鼓励学生养成善于钻研的精神与习惯，培养其面向企业的技术攻关、工艺创新和技术改造方面的创新创造能力。

四、地方高校创新创业教育共同体的核心内容

构建地方高校创新创业教育共同体的本质是形成一种紧密关系，促使政府、高校和企业等多元主体形成共同的价值观念，产生团体归属和认同，并体现为主体基于共同体的目标和共识而达成的和谐、整体的行动逻辑。面向产教融合构建地方高校创新创业教育共同体需要结合共同体的结构特征和创新创业教育的内在属性，立足改善政府、高校和企业等多元主体的

关系，从教学共同体、研—训—创共同体、发展共同体三个层面整体、联合推进创新创业教育发展，如图 2-1 所示。

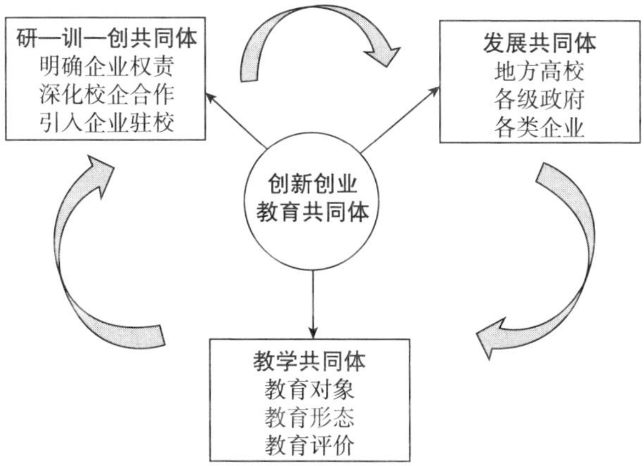

图 2-1　面向产教融合的地方高校创新创业教育共同体的内涵

1. 彰显内在诉求：构建基于产业需求导向的教学共同体

基于产业需求构建创新创业教育教学共同体，是创新创业教育内源要素的诉求，也是彰显其内涵特色的逻辑起点，其目的在于形成多元主体的协同育人机制，共同承担人才培养责任，实现创新创业教育高质量发展的目标。具体而言，要在教育对象上提倡实施面向人的教育。一是通过创新创业课程与专业课程充分融合和螺旋互动，让创新创业教育巧妙地融入专业课程中；二是探索学校和企业两条相互衔接的教育路径，坚持分阶段、分层次施教，既保证学生在校期间的学习与校外并进，又有针对性地对已经毕业的学生开展创新创业培训；三是探索建立由课堂教学、实验实训场所、创业孵化园等组织形成的创新创业教育生态圈，并利用分级递进的机制促进创新创业教育生态圈持续运行。

在教育形态上，一要由“情景”创设向“实训”指导转变，以市场的思维寻找优质的创新创业项目；二要在培育项目过程中构建创意—创新—创业依次递进的创新创业教育体系，完成育人任务。在教育评价上，建立以实践为导向的差异化、全方位的评价体系，把评价的重点定位于创新创业理论与实践的融合上，既要重视对大部分学生掌握高层次的创新意识和创新能力的评价，还要重视对小部分学生初步形成创办企业的素质和像企业家一样开展创新创业行动的能力的评价。

2. 促进成果转化：构建基于校企合作的研—训—创共同体

创新创业教育方法的实践性必然要求其实施主体的多元性和协同性。地方高校的学术资本和技术创新既是知识成果和技术积累，也是开展创新创业教育的独特优势。地方高校在转化学术资本和技术创新的过程中，能够形成完整而开放的学术—技术生态圈，完成知识积累和技术应用的使命。因此，地方高校实施创新创业教育需要跳出狭隘的学校空间，形成多元主体共同协作的形态，挖掘学术资本和技术创新的显性和隐性生产力，让创新创业教育由课堂和竞赛走向市场和产品。因此，在构建研—训—创共同体的具体措施上主要表现在以下三方面。

首先要明确企业在创新创业教育中的权利和义务，尤其在人才资源需求、信息资源共享、实践场所建设、技术研发创新、创新文化融合等方面充分吸收企业的智慧和资源，把企业的技术和设备应用到与高校合作的实践中，提升校企双边人才的创新意识和实践能力。

其次，拓宽校企合作的途径和方式，通过制度创新，消除两个组织在合作中存在的障碍，促使学术资本和技术创新的资源与价值的最大化。

最后，吸引企业入驻校园，为学校师生提供真实生产项目的实习实训岗位，鼓励教师和学生融入企业的创新和生产任务，让学生在学中做、做中学，教师在做中研究、以项目带动创新，实现校企共赢。

3. 强化互动共赢：构建基于政企校联动的发展共同体

地方高校创新创业教育与区域经济社会发展并不是资源割裂的竞争关系，而是相辅相成的共生共赢关系。地方高校创新创业教育离不开区域经济社会的政策和经济资源支持，区域经济社会的转型发展同样需要创新创业人才的智力资源支撑。两者间的有效对话有利于构建政府、企业、学校联动的发展共同体，实现三者发展的螺旋式上升。

因此，地方高校创新创业教育需要满足甚至引领地方产业结构转型升级的需求，在创新创业人才培养与技术创新项目培育等方面，更应当立足于区域经济发展的诉求。在具体思路上，其一，地方高校创新创业教育应以区域经济社会发展的需求为基点，发挥知识创造和技术创新主体在释放学术和技术资源的主导性作用；其二，地方各级政府创新制度，通过制订或完善税收减免、资金扶持、创新创业实习等政策，营造创新创业文化氛围，且建立合理的退出机制，促使学生有动力、有活力、有压力地开展创新创业活动；其三，企业是发展共同体中成果转换的主体，且以技术创新和转移、知识积累和应用为主，实质性参与创新创业人才的培养，进而实现知识与技术的传播。简言之，构建基于政企校联动的发展共同体，最终希望推动地方高校协调和重组创新创业人才培养、科研创新和社会服务等职能，促进创新创业教育实体化，形成研发—转化—再研发的良性互动循环。

五、地方高校创新创业教育共同体的保障机制

如上所述，面向产教融合构建地方高校创新创业教育共同体应当坚持参与主体秉持利益共赢、机遇共享等原则，强化参与主体的育人作用和拓宽参与创业教育途径。要做到这些，还需从以下三个方面入手，构建创新创业教育共同体的保障机制。

1. 完善执行机制：设置系统化的产教融合管理组织，保障创新创业教育共同体运行

作为一项跨越教育和产业的系统性工程，创新创业教育的有效开展及其质量的稳步提升离不开社会多方面的参与，然而，有效连接教育和产业则需要有相应的专门化的产教融合行政管理组织负责相关政策的制订、执行和监督。设置系统化的包括中央、地方、学校三级层面产教融合管理组织，在一定程度上能解决创新创业教育机会不足的问题，有利于推动创新创业教育共同体顺畅运行，提升创新创业教育质量。例如，在教育部设置国家层面的管理机构，统揽产教融合的工作全局，推动行业企业参与创新创业教育国家标准的制订、政策的执行和监督；地方政府层面的产教融合管理组织负责行业企业参与创新创业教育政策的落实以及地方高校创新创业教育的多样化发展；地方高校层面的产教融合管理组织则是执行创新创业教育的具体机构，三级管理组织相互的协调与配合，能够整合产业系统

和教育系统的各类资源，打破各类资源之间的独立分割，也能够加强与创新创业教育机会提供者和参加者以及其他相关要素之间的联系和沟通。

2. 创新评价机制：完善科研与教学互动评价体系，提高创新创业教育共同体的活力

地方高校需要创新科研与人才培养有效互动的评价机制，发挥科研在创新创业人才培养中的积极作用。首先，进一步提升培养创新创业人才的意识，在相关科研项目的推进中，适当给予资源倾斜，扶持有利于创新创业人才培养的科研活动，且科研成果评价向创新创业人才培养的绩效倾斜。其次，建立科研与创新创业人才培养有效对接的互动机制。科研创新工作应当推动创新创业人才培养，创新型人才的培养为后续开展科研项目提供人力资源支持。再次，完善有效的人才培养评价机制，改变科研在创新创业人才培养中的功利化现象，鼓励相关人才能够高效率地开展新型理论知识与专业技术的迁移。最后，建立有利于创新创业人才培养的教师评价制度，鼓励教师在人才培养中有效地实现课堂与工作场对接、理论知识传授和实践技能培养的串联。

3. 建立共享机制：兼顾共同体各方利益，保障各参与主体共生共赢

构建地方高校创新创业教育共同体，希望地方高校发挥技术资源优势，企业发挥技术成果转化、产品研发与推广以及金融的优势，政府部门则提供政策保障、信息传播、利益协调等服务，共同促进创新创业人才培养。创新创业教育共同体应当体现利益共赢原则，因此，建立相应的利益共享机制很有必要，以保障各参与主体共生共赢。利益共享是共同体存在的前提，而创新创业人才培养质量和创新创业项目市场化是利益共享的目的。为此，创新创业教育共同体中的政、企、校等必须打破传统的看待利益的眼光，坚持与其他方面的合作交流，充分利用社会资源发展创新创业事业。共同体成员在合作过程中，需要将共同体的整体利益放在第一位，积极共享各自的知识和资源，尽量消除不必要的冲突，以达到每个参与主体的利益最大化；在利益分享过程中，各主体不单单要分享技术创新，更要在人才、产品上深入沟通、协调，在协同中获得创新型人力资源红利，最终在共同体内建立一致的文化价值，促使参与主体具有归属感和责任感，更好地实现利益分享。

4. 设计进退机制：遵循面向市场的进退规律，保障创新创业教育共同体可持续发展

机制设计理论重点关注如何在信息不对称和信息分散的条件下设计激励相容的机制以实现资源的有效配置。机制设计理论为构建创新创业教育共同体进退机制提供了启发。根据这种理论观点，构建并实施好创新创业教育共同体需要设定共同体目标，并通过激励相容的机制来实现设定目标。在设计共同体目标时，既要关注地方高校育人的诉求，还要考虑企业对经济效益的追求以及经济社会发展和社会稳定等因素。在设计进退机制上，遵循面向市场的进退规律，鼓励共同体根据市场需求开展创新创业教育。例如，开展符合市场需求的创新创业研究项目、依据产业结构转型需求调整创新创业教育发展方向、面向经济社会发展需要创新技术生产方式等，为创新创业教育搭建可持续发展平台。

第三章　国外产教融合培养模式的发展与启发

第一节　国外产教融合人才培养模式的发展

校企合作在西方发达国家已十分普及，并依据不同国情，在理论和实践上形成了成熟的固定模式，为助推各国的经济发展起到了重要作用。其中德国的“双元制”模式、英国的“三明治”模式、美国的“CBE”模式和意大利的“企业参与大学教育”等模式，对我国的校企合作、产教融合的推进有着非常重要的借鉴意义。

一、德国的“双元制”模式

德国阿克塞尔·格林格的《合作教育大学——卡尔斯鲁厄：德国高等教育的双重体制》对德国的双元制进行了阐述，彼查德·罗莎琳德的《德国双元制：教育的乌托邦》论述了双元制的优点及缺点，优点在于以法律的形式体现出国家对教育的保障，学校培养人才是以企业为依托的，缺点在于受教育者、学院、企业、同一行业的其他部门、企业领导及其他相关的企业往往会有不一样的教育理念，这样的情况会使相互的关系处于比较紧张的状态。

“双元制”职业教育是指一种高等职业学校与企业协同构建职业教育，用人单位和高校、教师与企业培训人共同培养学生，学生具有双重身份，旨在最大限度地利用学校和企业的条件和优势，强化理论与实践相结合，从而培养既具有专业理论知识，又具有专业技术和技能以及解决职业实际问题能力的高素质技术人才的教育制度。具体而言，“双元制”的职业教育内涵表现在十个方面。

（1）两个培训主体，即企业和职业学校。

（2）两种教学内容。企业主要是传授职业技能和与之相关的专业知识和职业经验；职业学校的教学内容除专业理论知识外，还包括普通文化知识。

（3）两种教材，即实训教材和理论教材。培训企业使用的是联邦职业教育研究编写的全国统编教材，以便确保达到统一的培训标准和产教融合的水平；而职业学校使用的理论教材则是由各出版社组织著名专家编写的，没有统一的全国或全州统编教材。

（4）两种实施方式。企业遵循联邦职教制定的培训条例开展培训；职业学校则遵循所在州的文教部颁布的教学计划组织教学。

（5）两类教师，即实训教师和理论教师。企业培训的实训教师是企业的雇员；职业学校的理论教师属于国家公务员。

（6）两种身份，即企业学徒和职校学生。

（7）两类考试，即技能考试和资格考试。技能考试是针对企业培训的，考试方式和内容以其在企业接受的实训内容为主，目的在于考核学生实际掌握所学技能和专业知识的程度，一般由行业学会负责实施；资格考试则是针对职业学校的专业理论知识的传授，内容包括所学各科，方式包括笔试和口试，由学校组织实施。

（8）两类证书，即考试证书、培训证书和毕业证书。考试证书一般与学习和培训地点无关。凡通过相应的职业培训结业的考试者，都可获得由行业协会颁发的国内外均承认的证书——技术工人证书、会计证书和商务办事员证书等。培训证书和毕业证书则是由培训企业和职业学校颁发的与培训和学习地点有关的学历证书。

（9）两种经费来源。在企业内的培训费用由企业全承担，企业除了负担培训设施、器材等费用外，还必须支付学徒工在整个培训期间的津贴和实训教师的工资等；职业学校的经费则由国家和州政府负担，通常是州政府负担教职工的工资和养老金等，地方政府负担校舍及设备的建筑与维修费用和管理人员的工资等人事费用。

（10）两个学习地点，分别受两种不同类型法律的约束。企业培训受《职业教育法》的约束，职业学校则要遵循《职业义务教育法》。

可见，德国的“双元制”职业教育在整体的培养目标上是合二为一的，但在具体的教学过程中则又是一分为二的，表现出明显的双元属性特点。最大限度地利用各自的条件和优势，既使学生在实训氛围中获取有价值的实践经验，又能通过在学校的系统的专业知识学习打下厚实的理论基础，培养敏捷的思维能力，掌握科学的方法，从而很快适应毕业后的工作。

职业教育是否满足社会需要的一个主要体现就是职业教育的专业设置是否与产业结构及经济发展变化相适应。为此，职业教育的专业设置应体现三项基本原则。

（1）企业需求原则：专业设置应满足行业领域内的所有企业的普遍要求。

（2）相对稳定原则：专业设置应满足相当长时间内的职业发展的需求。

（3）广泛适应原则：专业设置应适应较宽的职业领域，具有综合性。

为了确保专业设置的科学性与相对稳定性，体现专业设置的综合性，德国以科学的方法职业分析为向导，确定“双元制”的培训职业。职业分析是指确认、定义、描述社会职业的任务及科学分析作业项目的过程，也是利用行为科学方法掌握相应从业人员的现场行为及搜集其行为方式的素材过程。通过职业分析，通常将一个或若干个社会职业归结为一个职业群，一个职业群对应一个专业，即德国的“培训职业”。这样既可以清楚地了解到构成任何一种职业的主要活动内容，明确地分辨出支撑该职业的知识与技能，同时，又能够确定相邻社会职业的技能—知识联结点，为社会职业归类及职业群的确定奠定了基础，另外，也为职业教育的专业设置提供了依据。随着技术的进步，产业结构的不断变化，社会职业出现了综合化趋势，许多传统职业逐渐消失，新兴的职业、交叉的职业不断出现，客观上要求职业教育的专业设置必须与社会经济的发展动态相适应。为此，德国政府每隔一段时间要重新界定培训职业。1950 年，德国“双元制”职业教育的培训职业为 776 个，到 1994 年已减少至 370 个。

职业教育是否满足社会的需要的另一个重要体现就是职业教育的培养

目标是否与社会经济的发展对人才素质的要求相一致。现代社会是一种动态的社会，其变化的幅度、速率、能级极大，对人才提出了前所未有的新要求，如劳动分工由单一工种向复合工种的转变，要求人才具备跨岗位的能力；技术进步导致简单职业向综合职业的发展，要求人才具有跨职业的能力；信息爆炸，知识技能陈旧率的提升，要求人才具有自我学习、不断开发自身潜力的能力；竞争机制要求人才具有不断适应劳动力市场变化的能力等。可以说，培养目标以职业能力为本位是现代社会对职业教育提出的新要求。为了培养适应现代社会企业要求的技术工人，“双元制”模式不仅注重基本从业能力、专业能力、方法能力、社会能力的培养，还特别强调综合职业能力中关键能力的训练。关键能力是指与纯粹的、专门的职业技能和职业知识无直接关系，超出职业技能和职业知识范畴之外的能力。它是方法能力和社会能力的进一步发展，也是具体的专业能力的进一步抽象，它强调的是，当职业发生变更，或者劳动组织发生变化时，人才具有的这一能力依然存在，不会因为原有的专门知识和技能对新的生产过程及工作组织结构不适应而茫然不知所措，而是能够在变化了的环境中重新获得新的职业技能和知识。关键能力包含的具体能力有很多，最重要的是要独立计划、独立实施、独立控制与评价的能力。培养目标的实现是通过课程来完成的。要实现以职业能力为本位的培养目标，就必须以职业活动为核心设计课程模式，这样才能有利于学生形成职业知识、职业技能及职业能力。“双元制”的课程模式充分体现了以职业活动为核心的设计思想。

“双元制”理论课程的设计是以职业活动为中心选择课程内容的，确定了以职业活动为核心的阶梯式课程结构。这一结构是一种建立在宽厚的专业训练基础之上的综合性的以职业活动为核心的课程结构。从横向看，它紧紧围绕着职业活动这一核心，综合为三门课程：专业理论、专业制图、专业计算，覆盖了专业所需的所有理论，知识面广、深浅适度、综合性强，有利于培养学生综合分析问题和解决问题的能力。从纵向看，所有课程又都分为基础培训、分业培训和专长培训三个层次，呈阶梯式逐渐上升。无论哪一阶梯的培训，三门专业课始终都是围绕着职业实践活动从泛到精、由浅入深开展的。“双元制”的实践课程设计更加突出了以职业活动为中心的特点。职业技能、职业能力的训练与习得是一种典型的实践活动，具有明显的过程属性。正是基于此，“双元制”实践课程的编排与选择更注重直接性的职业经验。职业技能的训练是通过完成一系列的工件制作来实现的，而每一工件都是该职业中具体的职业活动。这样的通过以职业活动为核心的培训过程，就能达到培养学生的职业技能、职业能力的目的。任何课程内容只有通过一定的教学活动才能转化为学生的知识与技能。以职业能力为本位的培养目标必然要求以学生为主体组织教学活动。正是基于此，自20世纪70年代以来，德国职教界开始探索以受培训者职业学校的学生为主体的教学活动的组织结构与方法。

“双元制”职教模式无论是在理论知识的传授还是实训教学上均体现了以学生为主体的思想。理论知识的传授由传统的讲授法向启发式、讨论法、小组学习法等转变。实训教学由传统的四阶段培训法向项目法、引导性课文法、项目应用法及学习岛等过渡。也就是说，教学活动的组织由以教师为中心转向了以学生为主体。这种以学生为主体的教学活动，改变了传统教学中教师与学生的地位，教师不再主要是知识的传授者、讲解者，而是指导者与咨询者；学生不再是被动的接受者，而是主动的获取者，其主动性、积极性得到了充分的发挥。例如，针对某个“项目”，学生可以根据已有的及新获取的知识、技能和经验制订出若干不同的实施方案，而在这些方案的制订与实施中，不仅学生的专业技能得到了训练，独立工作能力、创造能力、与他人合作的能力以及综合能力等也均得到了全面的培训和提高。以学生为主体的教学活动在现代职业教育中占据着主导地位，它注重学生职业能力的培养，是现代职业教育能力本位观的必然结果。

德国“双元制”在世界上享有盛誉，主要是因为其培训产教融合的水平高，而这一高质量的培训又是以客观、公正、规范的考试考核体系为保障的。为了确保考试的客观性和不受培训机构影响的独立性，“双元制”职业教育考试由与培训无直接关系的行业协会承担。行业协会专门设有考试管理协会，该管理协会由雇主联合会、工会及职业学校教师三方代表组成。其中，雇主和工会代表人数相同且至少应有一名职业学校的教师。三方代表必须是其考核职业的专家。该管理协会的主要任务是制定或组织制定考卷、监考及评分。由于考试由行业协会组织实施，这就有利于按照《职业培训条例》的考试要求开展，而不是根据哪一个培训机构（企业或职业学校）中传授的具体内容开展，从而能更客观地评价职业教育的培训质量。“双元制”职业教育考试强调统一规范性，同一职业或不同职业的相同科目的考试在同一时间举行，且按照统一标准评分。由于“双元制”职业教育考试的客观与公正，其结业证书不仅被全德国承认，而且也被欧共体的一些国家承认。

二、英国的“三明治”模式

英国的德斯塔和帕特尔在《英国的大学和产业的联系：什么是与产业互动的各种因素》中认为，在讨论产教融合的问题中，经常使用的是协同研究、依托企业等几种形式。莱特等在《中范围大学与产业的联系：知识类型和中介机构的作用》中，从受培训者的技术掌握程度分阶段研究了其与企业合作模式的选择，认为在技术处于初级阶段时应该采取共同研究的模式，处于中级阶段即推向市场的阶段时应采取合作与委托的模式，处于高级阶段即宣传阶段时则应该加大力度宣传。

关于英国的产学研合作教育模式，目前众人熟知的主要有三大类：“三明治教育模式”“教学公司模式”和“沃里克教育模式”。其中，三明治教育是英国发展最早、影响最为深远的产学研合作教育模式，因而被当作英国产学研合作教育模式的代名词。时至今日，英国的三明治教育发展了一百多年，已经完美地融入了英国高等教育体系中，成为英国高等教育不可或缺的重要组成部分。本书从历史分析的角度，梳理了英国的三明治教育的整个发展历程。在此基础上，深入剖析了三明治教育不同发展阶段的特点、重要的政策文本及政府的角色定位，以期从制度环境建设方面为我国目前高速和高质量发展的产学研合作教育提供借鉴。三明治教育之所以被称作“三明治”，是对其半工半读、学工交替式课程设置模式的一种形象比喻。三明治教育的演进与发展有一个较为漫长的历史，可以分为四阶段。

（1）20 世纪初至 20 世纪 50 年代：三明治教育的萌芽和艰难起步期。

（2）20 世纪 60 年代至 70 年代：三明治教育的快速增长期。

（3）20 世纪 80 年代至 90 年代：三明治教育的成熟发展期。

（4）21 世纪初至今：三明治教育的繁荣稳定期。

20 世纪初，随着社会对技术工人的需求的增大，英国部分技术学院开始尝试三明治教育模式。作为少数学校的单方行为，这种有别于传统知识传授的教育模式，发展之初并未得到产业界的有力配合，发展举步维艰，直到 20 世纪 50 年代，英国政府确立国家技术教育体系，三明治教育才开始慢慢发展起来。20 世纪初叶，英国已经有部分技术学院开始探索“工学交替”的教学模式，比较有代表性的是桑德兰技术学院（现更名为桑德兰大学）。建校之初，该校管理者就意识到注重知识和理解的传统教育模式已不能适应社会对人才的新需求，认为学生在学习课程时，还应同时获取一些工作经验，于是率先在机械工程学院引入了一种被称作三明治教育的工学交替式培养课程体系，截至 1908 年，共有 25 家机械类企业参与该课程体系，到 1910 年经过改造后的夜间课程已经可以接收 2 年预科后的专业人员。参加三明治课程的学生可以白天工作、夜间学习，以获得更高的资格认定。由于该时期的三明治课程社会认可度低，学生参与总体规模很小。如布鲁内尔大学 1956 年在应用物理学中开设的三明治课堂，第一期只有 9 名学生参与，虽然学校费尽周折推广，以期得到企业、学生和社会的认可，进展仍然缓慢。在这种发展背景下，英国政府 1956 年出台了《技术教育白皮书》，正式确立了“国家技术教育体系”的基本雏形。

《技术教育白皮书》的出台不仅提升了技术学院的地位，也充分肯定了三明治教育的独特地位，点明“政府相信对最高端的技术教育而言，三明治教育无疑是最为适合的”。随后于 1959 年 12 月发布的《克罗瑟报告》也对三明治课程有着极高的评价，它指出“三明治课程将成为 16~18 岁青年唯一可行且符合标准的（技术）教育模式。为了应对这一趋势，‘各产业部门应当根据自身的要求设定相应的基准’”。同年，三明治课程的学位认证问题得到解决。国家技术学位管理协会正式将三明治教育列为技术学位文凭教育，这在三明治教育发展史上是重要的里程碑，而后，三明治课程发展迅速。1955 至 1956 年，全国仅有 52 人参加以学位为目标的三明治课程；到 1958 年，参加三明治课程的学生数上升到 1800 人。为保证学校培养的学生能更贴近产业发展需求，产业界开始主动与学校合作育人，三明治教育规模急速扩大。为保障快速扩张中的三明治教育产教融合的水平，英国政府采取了扶持加规范的双重策略为其保驾护航。该时期，英国中小企业发展迅速。早在1958年，英国产业界的代表们组建了一个第三方机构——“产业培训管理协会”。不过，这个缺少政府介入的中间机构却显得软弱无力，难以完成预定的目标。于是，雇主们只好放弃早先对政府干涉的排斥，转而由企业家联盟、贸易联盟代表及产业界代表提请英国劳工部向国会递交申诉报告。

报告中指出，英国产业界正面临着严峻的国际挑战。随着英国科技的不断进步，熟练技术人员不足的现象日益严重，工业专家队伍建设已经远远落后于其他国家。这份影响深远的报告直接助推了1964年《产业培训法》的诞生。该法案规定英国设立产业培训董事会及中央培训管理协会。产业培训董事会由劳资双方代表与教育专家按一定比例组成，可向所属系统的产业雇主征收1.5%营业额用于企业培训活动，且对培训的设施、培训协调机构的设置等方面都做出了明确的法律规定。该法案的重大贡献在于从法律和制度上解决了英国长期以来阻碍产业界参与三明治教育的训练费用问题，提高了英国企业参与人才培养的积极性。此外，三明治教育也获得了中央财政强有力的支持。1965年，英国工程培训管理协会成立，成立后不久，就出版了第一期《信息报》，以助推1964年《产业培训法》所列目标的实施工作，并承诺会不定期出版更多的《信息报》，为三万个对校企合作感兴趣的公司和组织提供帮助。在随后出版的第三期的《信息报》上，管理协会明确表示对技术学院中与国家高等证书和学位或国家学位管理协会证书有关的三明治课程予以经费支持，并承诺给予企业一部分资助以保证三明治课程中的企业培训时段的经费投入，其中包括对企业内部员工的培训和使用企业培训设施的大学生培训，从而大大减轻了学生实习安置的经费压力。1966年1月，英国工程培训管理协会明确列出了对企业的补助标准：企业培训与国家学位管理协会证书有关的三明治课程的学生时，在培训的前52周中，每培训一个学生，企业每周就可以获得5~6英镑的补贴；培训与国家高等证书和学位有关的三明治课程学生时，每培训一个学生，企业每周就可获得5英镑的补贴，同时具体列出了产业培训应当具备的4个阶段：基本工作介绍、工作间基础培训、技术车间培训和专项训练，每项历时22周，用以规范化产业培训管理。正是基于此，企业的培训一旦获得产业培训董事会的认可，就会获得政府为其“三明治”课程的深入开展提供的强有力的经济支援。国库财政的支持，加上来自产业雇主的用于培训的征税专款，一条“官产”联合投入的资金链已经形成。1972年，英国成立了“三明治教育大学管理协会”。管理协会通过每年举办论坛和研讨会的形式，促进大学之间的交流，同时与政府建立了工作联系，为三明治教育模式的推广做了很多工作。1976年，英国成立了“三明治教育多科技术学院管理协会”。该管理协会成立后在多科技术学院中推广三明治教育模式，组织学校交流经验，同时为如何为学生寻找合适的工作等问题提供建议和指导。这两个管理协会的工作得到了英国政府就业部下属的人事服务管理协会的大力支持。1979年，英国又成立了“三明治教育与培训教育协会”。作为全国性组织，该协会每年举行学校、雇主、学生之间的交流会议，出版反映三明治教育与培训发展动态的刊物，为学生和雇主牵线搭桥，提供及时有效的供需信息。在政府、产业界和学校的共同努力下，三明治教育得到了较快的发展。1964年，参加三明治课程的学生人数达到了3000人，到1968年，国家学位管理协会认证院校中三明治课程学生的参与人数达到了1.1万人，技术大学也有众多学生参与，可谓成效卓著。1972年，国家学位管理协会统辖下的16所学院提供的23门应用物理学的相关课程中就包括10门三明治课程、4门全日制课程以及9门于夜间开展的函授课程。英国企业在职人员接受三明治教育的情况在该时期也十分普遍，主要以工程类专业为主。可见，三明治教育在当时已经得到了社会的认可。

后来，英国高教界内外环境的众多变化使得三明治教育陷入发展困境。英国政府采取加大投入等措施来助推三明治教育顺利度过危机时期，进入成熟发展阶段。进入20世纪80年代后，英国政府实行大幅度削减大学经费的政策，大学只得努力寻求与产业界的合作，从而加强了高校和产业界的联系。同期，英国人口增长迎来了“二战”后的高峰期，面对激增的入学人数，原本颇有余力的产业界已无力提供大量的实习就业岗位，但参加三明治课程的学生总数呈不断上升趋势，这就造成了学生顶岗工作的困难。《1988 年教育改革法》和《有限助学贷款方案》出台后，英国高等教育资助政策由原来长期实施的“免费加助学金”转变为“交学费上大学，贫困学生贷款，学生分期定额还款，银行回收贷款”，进一步加大学生求学的经济压力。进入 20 世纪 90 年代，英国经济严重下滑，这让学生的实习就业安置工作雪上加霜，三明治教育面临着严峻的挑战。加大政府投入、吸引更多的企业提供工作岗位就成了三明治教育发展的当务之急。在这种情况下，英国出台了一系列政府白皮书，从政策导向和资金投入上加大了对三明治教育的支持力度。1981 年，《一个新的培训框架：行动项目》催生了“青年培养框架”的诞生，表现出一种更为鲜明的“工学联合”培养模式。在新框架下，学生将接受实习培训和脱产知识讲授两种类型的训练。政府对提供实习岗位的企业发放一定数额的补偿金。在实习培训过程中，受训者可以进入接受政府资助的企业实地学习，且可获得一定工资。

1982 年，针对企业提供实习就业岗位不足的问题，英国政府决定对参加三明治教育的学生，无论是厚三明治还是薄三明治课程，都提供每周 45~52 英镑的资助，用于公司正常实习安置总数之外的学生的补助。1987 年，英国政府在《高等教育——应付新的挑战》中，把更有效地为经济发展服务和与工商界建立更密切的联系，作为 20 世纪最后十年高等教育改革的主要目标之一。同时指出，政府及其主要的提供资金的机构将竭尽一切去鼓励与赞助高等院校采取使自己与工商界更加接近的措施；政府也将相应地促使工商界认识到同教育密切合作对自己的益处以及更为广泛的价值。1988 年出台的白皮书《90 年代的就业》提出要建立由地方工商界代表组成的培训与企业理事会，极大地提高了企业对三明治教育的参与程度。到 1995 年，英国共成立培训与企业理事会 104 个。1991 年，在政府白皮书《高等教育的框架》中，英国政府进一步提出要促进企业参与高等教育的试点工作，旨在通过高等职业学校和雇主的伙伴关系，培养具有劳动技术知识和富有企业精神的毕业生。同时，英国政府还综合实施多种计划来解决三明治教育的岗位工作问题。1987 年，英国政府发起“高等教育创业计划”，这是政府大学生高校的大学生双创教育政策的开端，也是对三明治教育的有益补充。该计划将与工作相关的学习纳入课程之中，旨在培养大学生的可迁移性创业能力。首批获准提交申请报告的 20 所高等职业学校中有 14 所高校开展了三明治课程，获批高校将得到连续 5 年的每年 20 万英镑的资助，这对三明治教育的进一步开展无疑有着很好的助推价值。这些高校陆续开始将高等教育创业计划和三明治课程中的学生工作安置相结合而开展工作，为三明治教育的进一步发展开辟了更为广阔的空间。英国政府在 20 世纪 80 年代和 90 年代采取的一系列积极措施取得了良好的效果。在当时经济不景气的情况下，三明治教育不仅没有萎缩，反而取得了进一步的发展。到 1990 年，苏格兰有 30 所多科技术学院、26 所大学、49 所继续教育学院和 16 所学院提供三明治课程。1981 年到 1990 年，三明治课程参与学生总数增长了 50%，其中，多科技术学院的参与学生数增长了 60%，大学增长了 50%。在政府助推产学合作的大趋势下，三明治教育健步进入了繁荣稳定期，已成为英国职业技术教育最高阶段最普遍应用的人才培养模式，具有相当高的社会认可度和国际影响力，成为英国吸引国际留学生的一大亮点。

进入 21 世纪，为促使高等教育成为凝聚国家竞争力、促进社会和经济创新性发展的核心单元，英国政府将助推产业界和学术界更为密切的合作作为政策制订的重心。英国政府以发展“世界级的技能”为主轴，出台了高等教育的改革方案。2003 年，英国教育与技能部颁布的白皮书《高等教育的未来》指出，我们的教育必须具备高度的灵活性，全日制课程、非全日制课程、三明治课程、远程课程都应该被包括在内，以顺应经济和社会的发展。同时对加强产学合作提出了具体的措施，“政府还将出资建立 20 个‘知识交流中心’用以支持和鼓励高校与企业的联合”，强调“产业界应与继续教育学院加强联合，通过在职培训、产学联合培养出高素质创新型人才”。这些方案的推出呼应了英国政府提出的“21 世纪英国的整体生态资源是其高素质的人民”的改革口号，体现了政府加强校企合作，建立一个“官产学”三位一体的国家创新体系的希望，这也给三明治教育留下了充足的发展空间。目前，三明治教育在英国高等职业学校的发展相当广泛，英国大部分的高校都提供三明治课程供学生选择。三明治课程按照入学和教学类型可分为四种。

（1）学生接受职业技术教育和工作训练的时间各为半年，交替进行。

（2）接受四年制课程的学生，两年接受正式学校教育，两年接受工业训练。

（3）在四年制课程中，安排学生在第二年或第三年到企业单位实习。

（4）在每年的教学计划中安排9个月的学校正式教育和3个月的实习，或是先进行一年的工业训练，接着实施两年的正式教育，再配合一年的工业实习。

纵观三明治教育的发展历程可以发现，它出现于技术院校对社会的需要的回应。三明治教育从未经官方认可的个体行为，到产业界的积极响应和参与；从多科技术学院的特色培养模式，到各种类型高等职业学校普遍实施的一种人才培养模式，其在一百多年的发展历程中逐步由稚嫩走向了成熟，英国政府在三明治教育发展中的作用功不可没，在每一次转折点上都发挥了重要作用。在三明治教育的发展过程中，英国政府定位合理、措施有力。英国政府从引导者和管理者的角度出发，秉持“有所为、有所不为”的制度设计理念，从宏观层面入手，采取“顺时引、逆时推”这一规范监督和鼓励引导的双重策略，为三明治教育提供法律政策引导、教育费用投入和组织机构协调三重保障，从而为三明治教育的跨世纪高速和高质量发展营造了良好的制度环境，在助推三明治教育模式快速扩张的同时，保障了三明治教育的实施产教融合的水平。

三、美国的“CBE”模式

美国职业教育的实施机构主要是综合高中和社区学院，其中，社区学院是美国职业教育体系的一大特色。由于美国职业教育具有大众性的特点，正是基于此，其职业教育主要是由学校或学院这种公共高等职业学校来承担，雇主参与职业教育的程度一直很低，这与其职业流动性高也有一定关系。美国职业教育培训的人才是“宽专多能型”，这与其社会特点相吻合，其培养模式主要是“CBE”模式，即“以能力为基础的教育（Competency Based Education）”，简称CBE。该模式产生于“二战”后，现在广泛应用于美国、加拿大等北美的职业教育中，也是当今一种较为先进的职业教育模式。“CBE”模式的特点是学校以岗位群所需职业能力为人才培养核心，其实是坚持开放性办学，在人才培养过程中非常注意学生的实践能力培养，在教学师资上通过聘用企业技术高超、经验丰富的工程技术人员以解决并保证教师队伍中的实践教师比例，确保学生实践能力的培养。

美国教育学者 Jeanne. C. Meister 在《教育工作场所：对合作大学模式的研究》中研究与论述了合作大学的模式。美国的合作大学教育的主要模式是以大学为主，大学负责招生等相关工作，大学和其合作的企业应合力商讨共同合作的相关教育教学计划，各司其职。美国教育学者 HowardR. D. Gordon 在其著作《美国职业教育的历史与发展》中详尽介绍了美国职业教育的发展历史。美国国家教育统计中心的《美国职业教育：1969—1990》和《美国的职业教育：面向 2000》中收录了美国在 1969 年至 2000 年间有关职业教育的相关统计数据资料，科学分析了美国现代职业教育的发展历程。HanqiZhuang，SalvatoreD. Morgera 在《基于网络工具使用的本科课程的发展》中就利用互联网仪器研究了本科新课程的实施与应用。Masaaki Ogasawara 的《日本研究型大学研究生、本科生教育的规划策略》谈论了日本的北海道大学使用的一种模型，即一种结合多学科的培养人才的模式。共同的骨干课程是由一个跨学科的教育系统提供的，重组每个专业的学生，研究生的学习则更灵活。Zhu. X. J. 在《职业教育集团校企合作共同体下现代学徒制的探索与发展》中阐述了在校企合作产教融合的模式下利用学徒制的优点培养人才，且进行了相关探索与发展。其中，阐述了现代学徒制的机制创新，通过政府、企业、机关、学校的合作，通过灵活多样的培养方法的现代学徒制培养渠道，建立第三方人才培养产教融合的水平评价体系的现代学徒制，突出成人教育、企业订单班、自主招生、中等和高等职业教育的教育衔接，长期和短期相结合的现代学徒制教育和其他实际可行的方法以达到良好的效果。

能力本位职业教育（Competence Based Vocational Education，简称 CBVE）是美国高等职业教育的典型模式，其核心是 CBE 理论。概括地说，CBE 理论是以能力为基础，强调能力培养、能力训练的教育教学思想体系。

以CBE为核心的能力本位职业教育是一种以满足企业需求为目的，以实际能力培养为主的职业教育，以全面分析职业角色活动为出发点，以提供产业界和社会对培训对象履行岗位职责需要的能力为基本原则，强调学员在学习过程中的主导地位，其核心是如何使学员具备从事某一职业必需的实际能力。

1. CBE模式产生的背景

（1）以实际能力为基础的教育模式于“二战”期间在美国产生。当时，美国急于生产军火，许多民用厂家转军用，不会从事军工生产的工人、技术人员需要再培训，时间紧，技能要求严，CBE模式的雏形便应运而生了。

（2）经济发展需要。20世纪七八十年代，教育部门更多地听取产业界的意见，满足其对各类从业人员为适应分工日趋精准专业的岗位需要而培训和再培训的要求，产生了很多矛盾，这些矛盾的突出促成了CBE模式的产生。

（3）CBE模式的理论支柱可归纳为三点：一是系统论和行为科学，该研究认为，在人的行为中起着至关重要作用的是人的需要、动机、信念、态度与期望；二是由美国教育学家布鲁姆提出的“有效的教学始于准确希望达到的目标”；三是教育目标分类认为“只要在提供适当材料和进行教学的同时，给予适当帮助和一定的时间，90%的学生都能掌握规定的目标”。

2. CBE模式的特点

（1）CBE模式以从业能力作为教育基础、培养目标和评价标准；通过职业分析确定的综合能力作为学习科目；按照职业能力分析表列出的专项能力，由易到难安排教学。

（2）CBE模式依据能力作为教学基础，即职业能力分析表列出的专项能力按从易到难的顺序安排学习计划。

（3）依据学生具有的职业经验和能力作为入学标准。

（4）在教学实施中，CBE模式强调学生自我学习、自我评价，教师在教学中是管理者和指导者，以学生为中心组织教学，负责按职业能力分析列出的各项能力提供学习资源，编出模块式“学习包”和“学习指南”，集中建立学习信息室。学生要对自己负责，按学习指南，根据自己的实际制订学习计划，学习完成后先自我评价，认为达到要求后再由教师考核。

（5）CBE 模式提倡灵活多样的教学方式，主张随时招收学习能力不同的学生，允许学生自己决定学习方式和时间，如全日制、半日制、个人、小组学习、听课或自学等，毕业时间各学生也不一致，易达到小批量、多品种、高产教融合的水平。因学生的入学水平、学习方式不同，且有相当程度的个性化，这就要求必须有一套严格科学的管理制度，才能最大限度地满足教学和发挥设备的作用。

3. CBE 模式的实施

CBE 模式实施的工作程序分为十二步。

（1）职业分析。

（2）能力分析，指从事某项职业或工作必须具备的各种能力（一般由 1~12 项综合能力构成），而每一项“综合能力”又由若干项“专业能力”构成，一个专项能力又由与职业相关的知识、态度、经验和反馈四个方面组成。

（3）确定准入条件。

（4）知识性任务分析，确定学习掌握专项能力的知识领域。

（5）制订课程目标。

（6）安排学习任务。

（7）成就测验，一是诊断性评价，测试学习者的入学水平；二是形成性评价，为学习者提供反馈；三是终结性评价，检验能力是否掌握；四是检验培训材料、培训过程、教师和培训者是否适合。

（8）笔试测验，检测学习者对以技能为基础的重要相关构想的掌握程度。

（9）开发学习包，根据列出的各项专项能力，开发出指导学生掌握各项技能模块的学习材料。

（10）试验，根据学生的反馈和测试以及教学中出现的问题，改进学习指导材料，从而解决和纠正教学中的所有问题和困难。

（11）开发学习管理系统，让学生根据自己的情况择时、自定、自调学习计划，按照不同顺序完成学习任务。

（12）根据教学需要确定实施和评估课程方案，不断调整方案、修改内容，并评估能力内容。

4. CBE 模式与传统职业教育模式的比较

CBE 和传统的以学科专业课程为基础的职业教育相比较更加注重系统科学的方法，把教学过程作为一个系统，注重投入、产出的过程，注重及时反馈调整。美国高等职业教育模式体现了以学生为主体的思想，CBE 模式重视个别化学习，以学生为中心，注重“学”而非注重“教”。在教学中，承认学生的个体差异，为学生提供充足的教学资料、设施和时间，学生可以根据自己的基础和接受能力安排学习进度，选择适合自己的学习方式。

美国高等职业教育模式中的培养目标体现了以职业能力为本位的思想。CBE 模式教学培养的就是职业能力，整个教学目标的基点是如何使受教育者具备从事某一特定的职业必需的全部能力，即教学基础、教学目标、教学流程、教学策略和测评标准等的制订均与职业能力密切相关。它不仅强调职业技术教育要注重综合职业能力的培养，还特别强调关键能力的训练以及与他人合作能力的培养。美国高等职业教育模式注重实践技能的培养，教学活动基本都是在实训课堂完成。实训课堂相当于实习车间，而它们的设备、设施相较于车间来说更符合时代要求。CBE 模式教学注重实践技能的培养，并非排斥理论知识，而是以专业技能服务和“够用”为原则，根据岗位要求的能力确定传授理论知识的程度。与传统教学相比，要删除和压缩的只是陈旧的理论内容与课程，以便增加实践技能培养的时间。美国高等职业教育模式中的条件是注重校内外教育教学的资源的整合。CBE 模式注重整合教育教学的资源是由其培养目标决定的。CBE 教学的着眼点是培养学生的职业岗位综合能力，而能力的培养，要求必须具有相应配套完善的实验及实习设施和场所，完善的教学条件、现代化教学手段，各专业学校必须建立实验室、实习厂（场），让学生操作。通过对学生的初步训练，培养其实际工作能力。同时，CBE 与社会有关业务部门建立长期稳定的协作关系，为学生提供从事实际工作的机会，从而达到进一步培养学生职业岗位能力的目的。

美国高等职业教育模式中的培养方式是注重师资队伍建设，对从事高等职业教育的教师的任职资格都有严格的标准，要求教师具有教育家、专业技术人员、熟练工人三种职业所需的素质与能力。同时，对从事职业技术教学的教师提出了更高要求，教师不仅要完成教学任务，还应有学校管理、组织开发、处理与外部培训企业及与学生的关系等各方面的能力。

在 CBE 教学中，教师起的作用是指导、判断、建议和评估，要考虑教学计划的制订，教师从以课堂讲授理论为主，到以亲自示范、指导学生、培养学生的能力为主。教师经常参加科研活动，有自己的实验示范基地，且坚持到生产一线去指导实践，在实践中不断提高自己的动手能力。

四、日本的产学融合模式

当前，大力发展职业教育已经成为各国提升综合国力和促进社会繁荣发展的重要战略。中国应充分学习和借鉴世界各国的先进技术和经验，以更加开放的姿态融入国际职业教育改革发展中。本书拟就分析探讨日本职业教育促进产业发展的经验及举措。日本从 1871 年东京“工学寮”建立始，进入了现代职业教育阶段。一个多世纪以来，日本职业教育取得了长足发展，特色突出，发挥了国家经济腾飞助推器的作用。日本职业教育系统的立法，让职业教育有法可依、有章可循。1899 年颁布的《实业学校令》是日本第一部职业教育法令。1916—1947 年实施的《工厂法施行令》，指出要对雇佣人员开展教育培训。1947 年颁布的《教育基本法》，规定了劳动基准和职业训练目的等，同年还颁布了《职业安定法》。1951 年颁布的《产业教育振兴法》，是日本“二战”后一部比较全面的职业教育立法。1958 年，颁布实施职业教育的基本法——《职业训练法》，为工业以及其他行业培养拥有技能的从业人员，在寻求职业安定和人才地位提高的过程中，使经济得以发展。除此之外，随着产业结构和经济社会变化以及职业教育发展的需要，日本还陆续出台了诸多相关法律，保障了职业教育的持续发展。日本职业教育为其产业结构调整提供了人力、智力支持，有力地助推了经济的发展。“二战”结束时，日本经济受到严重影响，1946 年的第一、第二、第三产业比重分别为 38.8%、26.3%、34.9%，到 1955 年为 38.8%、

28.7%、32.5%。

虽然这段时间三次产业结构并没有明显的变化，但随着经济总量的高速增长和生产规模的扩大，产业界对技术人员的需求大大增加。从1956年起，日本产业结构调整，第一产业比重不断下降，到1989年下降至2.9%；第二产业比重迅速攀升，到1989年达到39.2%；第三产业比重逐渐上升，到1983年上升至60.8%。经济的发展变化对职业教育提出了新的要求，20世纪50年代中期到70年代中期，职业高中的在校学生构成，第一产业的学生数基本维持不变，而第二、第三产业的学生人数持续增长。在此期间，日本职业教育很好地适应了产业发展的变化，满足了经济高速增长对人才的大量需求。20世纪初，日本职业教育的形式以学校教育为主，主要有徒弟学校、实业学校、实业实习学校、专修学校、实业专科学校等，当时的职业学校已多达500多所，在校生75000人，为日本工业崛起提供了技术人才支持。由于20世纪70年代日本的重化工业受到世界石油危机的严重冲击，80年代日本产业进入新一轮结构调整，走技术立国的经济发展战略，逐渐将产业结构由重化工业、汽车制造业等向金融、电子通信、生物工程、医药保健、新能源等产业转化，相应地，各职业教育学校也逐渐开设相关专业。日本将原来的综合学科分解为若干小学科，如把商业学科细分为经理科、事务科、信息处理科、秘书科、营业科、贸易科等。从1966年到1978年，学科种类从218种发展到了251种，仅工业学科就多达117种。每年职教新开设的专业从1985年的67个增加到1991年的247个，每年旧专业的废止从1980年的88个增加到1991年的230个。日本职业学校以私营学校为主，规模一般在800人以下，但其办学的灵活性与多样性、课程设置的实践性和针对性以及严谨的治学精神培养出的学生很好地契合了当地产业的发展，为产业界输送了亟须的各类专门人才。日本职业教育办学主体多样，除了职业学校以外，企业非常重视根据自身需求开展职业教育。

日本的《职业能力开发促进法》规定了企业对人才自发的、有计划的能力的开发负有积极支持的责任和义务。日本企业对员工实施职业教育的投入很大，根据2008年日本雇佣能力开发研讨会对教育培训市场资金投入的推算，在总计投入的1兆7500亿日元中，企业投入8800亿日元，占

50.3%，比财政投入多40个百分点左右，比个人投入多10个百分点。企业为员工制订职业规划，支持员工参加各种职业教育培训，以提高员工的生产技能和管理水平。这种企业职业教育是一种受企业和产业需求驱动而形成的职业教育模式，极大地提高了日本的社会劳动生产率，促进了日本经济的发达。产学合作是日本职业教育的典型特点，日本通过这个方式培养出了大批高级实践型人力资源，对经济恢复和振兴发挥了重要作用。日本出台了《大学等技术转化促进法》，详尽地规定了高等职业学校研究成果如何尽快地向企业转化，促使日本产业结构的调整。

日本企业为了获得所需的技术人才和科研服务，积极地与学校合作，而学校为了提高就业率、办好教学，同时加强与企业联系，形成了用人单位和高校互利互惠的良性循环。产业界与学校在人才培养上充分合作，一方面，企业为学生提供奖学金，学生毕业后到企业工作，企业也选派员工到学校参加进修和培训，再返回企业工作；另一方面，企业人员可以受聘于学校，开展讲学或实验指导，学校的老师也兼任企业的相关职位，为企业发展提供智力支持。此外，日本还设立了学术振兴资金和科研费补助金，对产学合作项目给予一定的资助，学校可接受企业的委托或与企业一起从事相应项目研究工作，快速、便捷地将科研成果转化为生产力。日本通过实施职业教育与普通教育等值发展体系建设，从根本上提升了职业教育的地位。此外，日本也是世界上最早提出终身教育理念的国家之一，注重从学校进入社会后的教育与培训，如通过企业主办的职业教育、社会主办的职业教育、通信教育、自发的学习会或研究会等更新知识和技能。这种职业教育多由企业提供，从初级培训到提升培训，分为不同的等级，以保证员工素质不断提高，适应新技术的应用和企业发展的要求。

1995年，第19届东京都产业教育审议会发表的《关于在终身学习社会期待的职业教育》咨询报告中提出，要构筑终身学习社会，把走上社会后的学习作为人生体系的重要一环。这一系列的法律规章和权威报告，有力地助推了终身职业教育理念的普及。除此之外，日本还通过职业资格认证体系来提升职业教育的社会地位和鼓励发展终身职教事业。

第二节　国外产教融合人才培养模式的启发

通过对上述西方经济发达国家校企合作模式的分析，政府、行业用人单位和高校三方形成了稳固的铁三角关系，立足国情，形成了本国特色的实践型人力资源联合培养模式。这些成功的经验对我国实施产教融合背景下的实践型人力资源培养有着非常重要的参考和借鉴意义。

国外产教融合理论研究是在校企合作的探索与发展中形成的，实际上，产教融合正是校企合作在程度上的进一步深入。相关国外学者从不同角度研究了校企合作。最初，校企合作的相关构想是在研究经济学领域的创新理论时提出的，由熊彼得在其《经济发展理论》中提出，这是最早提出校企合作相关构想的。《滑铁卢大学提高教育与职业服务的经验》一书中指出，滑铁卢大学在加拿大首创了校企合作教育形式。经过多年的发展，整个加拿大已形成企业、高校和学生三方共同参与的成熟校企合作模式。20世纪80年代后期，美国经济学家甘地第一次采用数理分析的方法，详细地数理描述和过程分析了产校合作行为，标志着对校企合作研究走向了系统化的分析阶段。此后，国外学者在不同时期对产校企合作展开系统研究。阿特朗将产校企合作分为一般性研发资助、合作研发、研发中心、校企合作研发联盟、大学中的业界协调单位、创业育成中心与科学园区六大类。联合国教科文组织提出的UNISRAR计划大大助推了产校合作在全世界范围内的推广和实施。国际经济合作与发展组织（1998）归纳了校企合作对象关系的主要类型，即辅助一般研究、非正式研究合作、合约研究、知识转移和训练计划、政府补助合作研究计划、合作联盟、合作研究中心，分别作了描述和案例分析。以托宾和盖洛特为代表的学者从宏观制度角度考察校企合作创新，剖析了不同制度环境下的合作特点。贝蒂特和费舍尔则从微观项目层次，应用现代厂商理论，探寻合作项目在不完全的市场环境中的最优制度安排。古尔布兰德森则研究了产校合作的效益，通过对挪威的研究得出高校教授在开展科研时如果与企业科技人员协同，其研究的成果更容易推广及更好地服务于市场，有助于服务企业发展的同时，研究成果较之以前也更加丰富。

一、政府的主导保障了校企合作的有效开展

从所有国家校企合作的发展中，可以清楚地看到，政府对校企合作的积极引导对校企合作的发展有着重要的助推价值。在此过程中，外国政府采取更加务实的做法，主动推广和宣传校企合作的重要性和意义，而各级政府部门相互协作，减少了学校与企业的合作阻力。政府的不断努力，使校企合作得到了社会的重视和认可，使校企合作的发展方向更加清晰。政府部门制订各类发展规划和政策法规，促进了校企产教融合。为了保证校企合作的产教融合的水平和效益，政府加大基础设施建设，逐步形成政府、企业、科研院所等高校的领导参与联合研究和开发的产业体系。政府不仅高度重视发展规划，也十分重视对科学合理规划的研究和开发，更十分关注学校企业合作项目绩效的评价和管理。而这一方面正是在目前校企合作中相对比较缺位的。

二、健全的法律制度保障了校企合作的育人环境

上述国家通过多年的理论积累和实践总结，结合自身发展现状制订了一系列既符合国情又促进了产教融合的政策法规，从国家宏观层面不继健全法制保护机制，在校企合作推进过程，不仅做到了有法可依、有章可循，又保障了合作双方的合法利益，为校企合作提供了良好的发展环境，规范和引导了校企合作的健康发展。在校企合作过程中，随着社会主义市场经济的不断变化与社会的高速发展，矛盾总是不可避免的，健全的法律体系与严格的执行效力，让校企合作的各参与方消除了后顾之忧，全力无间地投入到实际的合作中，一定程度上提升了校企合作各方的参与主动性和合作的积极性。而在我国，校企合作的相关政策法规几乎是空白，这对校企合作健康快速的发展起到了一定的制约作用。

三、合作模式的因地制宜促进了校企产教的融合

对经济发达国家成功模式的照搬照抄，并不能帮助本国经济实现高速

可持续的增长。各国有各国的基本国情，有自身的社会经济特点，只有立足于本国的基本国情，结合本国的社会经济特点，制定符合本国发展规律的政策，才能促进本国经济高速可持续发展。校企合作模式也是如此，德、英、美、意等国家并没有受限于某一种成功的校企合作模式，而是根据各自国家的现实状况，在不断完善的基础上创新，因地制宜地选择适合本国国情和社会经济特点的校企合作模式，细致地发挥了合作方各自的优势，保证了合作方各自的利益，实现了资源共享、优势互补，保证了校企合作效果，进一步促进了产教融合。

四、校企的深度对接促进了产教融合的良性循环

通过对上述国家校企合作模式的分析可以看出，在整个校企合作中，学校从最初的专业设置、人才培养目标的制定，再到教学师资队伍的组建、课程教学内容的编排设计、教学条件建设等，一方面主动走向市场开展调研，另一方面行业企业的全程参与，保证了学校在学科专业设置上与市场的紧密对接，实现了课程内容与职业标准的紧密对接，促进了教学过程与企业生产过程的紧密对接。校企双方在合作中的深度对接，既促进了产教进一步融合，又助推了校企合作的良性发展，从而有效地助推了本国的产教融合进程。

第四章　产教融合创新创业人才培养的创新教学模式

第一节　产教融合创新创业人才培养的学分制改革

学分制是选课制、导师制和弹性学制相结合的教学管理制度。学分制改革是人才培养机制改革的重要组成部分。学分制能充分发挥学生的主观能动性，激发学生的学习兴趣，体现“因材施教”和“以人为本”的教育思想，是公认较好的教学管理制度，目前在我国高校已经得到了广泛运用。追根穷源，学分制起源于选课制。18 世纪末，美国哈佛大学校长查尔斯·埃里奥提出主张——让学生“学习自由”，即让学生拥有“选择学习的自由，在学业上追求卓越的机会，对自己行为习惯负责的训练”。他试图通过选课制，给予学生学习的自由。选课制一方面通过开设高阶段、跨学科、跨专业的课程供学生选修，实现学生素质能力水平和知识面的提升，促进学生的全面成长；另一方面让学生通过自主选课，学会思考和建构自己感兴趣的知识体系和能力素质，提早学会对自己的行为负责，增强自主意识。选课制打破了学年制的边界和束缚，让学分制逐渐得到认可和推广。

一、国外学分制改革概况

美国是最早提出学分制教学管理思想的国家之一。学分制的大力实施，对美国高等教育开放式教育体制和大众化教育机制起到了关键的促进作用。美国学分制特点主要体现在六个方面：第一，弹性学制。美国高校学生的自主性很强，可根据学位要求自行选择全日制学习和部分制学习，达到学分要求即可顺利毕业。第二，主辅修制或双主修制。为了满足学生个性化的学习需求，美国部分高校实行了主辅修制或双主修制，使学生可在学有余力之时实现跨学科学习。第二，选择专业自由度高。美国高校允许学生自由选择专业，选择专业的范围涵盖本校和其他高校，一般采用学分互认的办法来管理转专业的学生。第四，通识教育占有重要位置。美国高校非常重视通识教育，各类专业都有共同的基础课，有些高校的基础课数量甚至达到50%。第五，学生选课自由度的空间很大，如麻省理工学院的学生自由选课的余地达到80%左右，还允许跨系别修习必修课，促进学科间的联系与交叉渗透，既注重学生的基础知识，又不断拓宽学生的知识面，培养学生的兴趣爱好，促进全面发展。第六，统一课程学分。美国大部分高校统一了课程学时、学分，如美国高校规定，学生须修完120~180学分方可毕业，每学分的课时至少达到16学时。

日本学分制是在美国学分制优点的基础上进行了改革，为了确保学生能够学到扎实的基础知识，日本高校普遍实行学年学分制，其学分制系统细致、张弛有度，确保学生能在规定的时间内获得相应知识，具体体现在四个方面：第一，统一规定了学习年限及学分要求。日本高校对学生的修业年限、学分要求、毕业标准和升级条件等均作详细要求，学生只有达到规定的学习期限和学分才能拿到毕业文凭。第二，统一规定学分标准。日本高校对学分的管理较严格，制定了《大学设置基准》，规定学生的学分要求，也规定了相应的学期和周数，学分的计算标准也统一。第三，注重外语学习。为了实现振兴科技、与世界接轨、适应国际化的社会需求，日本高校尤其注重外语的学习，一般将英语作为必修的外语学科，学生另外还可以自选一门外语修习。第四，实行“学分互换制”。多家高校合作协定，互相承认在对方高校中所修的学分，在国内各大高校，甚至是在国外学校学习或研究均能认可，一方面使学生在学习实践和空间上都有很大的自主性，另一方面促进了各高校之间的学习交流。这种方式不仅有效提高了学校的教学质量，也让学生吸取了不同层次、不同类型的知识，实现全面提高。

德国引入和推行“欧洲学分积累和转换体系”，将课程模块化，即将某个专业的所有教学内容按照一定的体系和架构分为不同的模块，每个模块的学习时间一般不超过两个学期，而且至少要通过一门考试或取得对应的成绩证明才能得到这一模块的学分。德国推行的 ECTS（全称是“European Credit Transfer and Accumulation Sustem”，指欧洲学分转移和累积系统）体系有助于简化各高校的管理程序，提高学生的流动性。据统计，德国每年有一半以上的大学生在就读期间以交换学习、实习、读语言班等形式在国外学习过至少一个学期，ECTS 方便、透明的学分转换功能保证了学生在其他学校或其他国家取得的学分都能够得到认可，大大提高了学生参与交流项目的积极性。其次，学分制的实施有助于学生更好地规划和完成学业，帮助学生缩短学习时间，降低了中途退学率。由于 ECTS 的计算方法全面考虑了学生取得学分需要花费的时间和精力，使学习从以“教师为中心”转向“以学生为中心”，让学生可以更加合理、有计划地规划自己的学习，有效降低了学生对考试的恐惧心理，也改变了由期末考试等来决定毕业总成绩的状况，从而提高了学习的整体效率。ECTS 使学生的流动性大大增加，其教学计划、教学过程和教学管理更加灵活，让学生在学习上拥有更多的自主权和选择权，允许学生根据个人需要和社会需求来构建合理的知识结构，对提升德国高等教育的竞争力有着积极的意义。

国外学分制改革的启示有五点：第一，当今社会是竞争的社会，学校要培养出具有社会竞争力的学生，必然要结合社会实际，重视学生的全面发展，促进学生自主学习。学分制的实施充分体现了其因材施教、灵活性强的特点，学生可根据自己的能力自主选择教师、课程、学习时间和学习进程，优秀的学生可提前修完学分，参加社会实践，这一过程使学生的自主、竞争和参与意识得到极大的培养，从而推动人才培养质量的提高。第二，学分制实施同样重视学生的基础知识与素质的培养，加强专业知识的迁移与转换，达到全面发展的培养目标。第三，学分制实施在加强基础课程学习的基础上，增加选修课程的种类及比例，给学生足够的自由选择空间，允许学生跨专业选修。有条件的学校还实行辅修制，学生在学有余力的情况下实行辅修，发掘个性和特长，实现对学校教学资源的充分、有效利用。第四，高校之间因独立性较强，校与校之间、学生与学生之间的沟通交流较少，学分制的实施可以促进各高校间的合作与联系，制定出学生在不同高职院校之间的学分“互换”“转移”“认定”等制度，既有利于学生的交流发展，也有利于学校之间的互助发展。第五，学分制实施中要注重终结性评价与过程性评价的结合，学分的取得不只是期末考试的终结性评价，要将平时表现等过程性评价与终结性评价相结合，设计更为灵活的考试制度，提高学生的学习效果。

二、国内学分制改革状况

我国最早引进学分制思想的是蔡元培先生，他出任北京大学校长时，在各高校中大力提倡以选课制代替学年制，这就是我国早期学分制的雏形。中华人民共和国成立后，高等院校普遍用学年制代替学分制，直到1978年，教育部允许有条件的学校试行学分制，学分制才再次登上舞台。进入21世纪，学分制越来越受国家重视。2001年，教育部办公厅在《关于在职业学校进行学分制试点工作的意见》中强调了职业学校实行学分制试点的必要性，明确规定了学分的认定和取得标准，即一般课程以16~18学时为1学分，实践课程以1周为1学分。2004年，《教育部关于在职业学校逐步推进学分制的若干意见》指出，逐步推进学分制，建立与实行学分制相适应的职业教育课程体系，进一步建立和完善学分互认机制。2006年，国家发改委在《关于进一步加强高等学校学分制改革管理的通知》中规定了高等学校实行学分制收费的程序报批、收费总额上限和监督检查等内容。《国家中长期教育改革和发展规划纲要（2010—2020年）》明确指出，要注重因材施教，要“关注每一个学生的优势潜能，推出分层教学、走班制、学分制、导师制等教学管理制度改革”。2016年，教育部在《学分认定和转换工作的意见》规定：“试行各类高等学校（普通本科院校、高职院校与成人高校）之间学分转换，畅通不同类型学历教育、学历教育与非学历教育、校内教育与校外教育之间转换通道，建立具有中国特色的学习成果认定和转换体系。”教育部印发《高等职业教育创新发展行动计划（2015—2018年）》提出：“高职院校要逐步实行学分制，推进与学分制相配套的课程开发和教学管理制度改革，建立以学分为基本单位的学习成果认定积累制度”。2019年，《国务院关于印发国家职业教育改革实施方案的通知》提出：“从2019年开始，探索建立职业教育个人学习账号，实现学习成果可追溯、可查询、可转换。”2020 年，教育部职成司在《关于做好职业教育国家学分银行建设相关工作的通知》中指出：“建立符合中国国情的职业教育国家学分银行，结合 1+X，证书制度试点工作，有序开展学历证书和职业技能等级证书所体现的学习成果的认定、积累和转换。”这些文件的出台，为学分制改革提供了政策保障，确保学分制改革有效推进。

国内各高校主动积极探索学分制改革，取得初步改革成效，学分制改革呈现赋予学生更多自主权、实行弹性修业年限、鼓励多途径获得学分、实行学业导师制度、实行学分制收费等特点。而在实际改革过程中，由于涉及课程、师资及设施设备等诸多问题，导致改革难度大、推进慢。目前在国内高职院校对学分制仍处于探索和试点阶段，对学分制的开展也没有统一的标准，大多数高校根据本校的实际情况，设置不同的选课规定、培养方案、学分计算、毕业条件等，形成了不同的学分制改革模式。有的朝完全学分制方向发展，有的开展学年学分制，有的基于弹性学分制实行改革，有的开展学分置换与互认，有的开展主修辅修，有的实行导师制等。学分制的实施需要学校建立深厚强大的资源基础，也对学生素质提出了更高的要求，管理成本及难度增大，这些都为学分制的实施带来了困难。

三、现代产业学院背景下的学分制改革探索

要培养具有创新创业能力的高质量人才，首先要为学生创造一个宽松自由的学习环境，改革人才培养方案，给予学生更多的自主选择课程的机会，充分发挥学生探索新学科、新知识、新科技成果的主观能动性，不断优化自身的专业知识结构。学分制体系下自由的学习环境有利于发挥学生个人潜力，促进学生的个性化发展，为学生创新能力的培养奠定基础。

学分制改革以制度创新为驱动，以全面提高人才培养创新创业能力为目标，尊重学生的兴趣爱好，促进教师的指导能力和学生的自主学习能力的提高，通过开展弹性学制，改革人才培养方案，实施导师管理制，实行灵活的转专业、选重修制，开展学分互换，建设大量的校企合作课程，改革教学模式，提供足够的创新创业实践训练，最大限度地保障学生的个性化发展，提高人才培养质量，如图 4-1 所示。

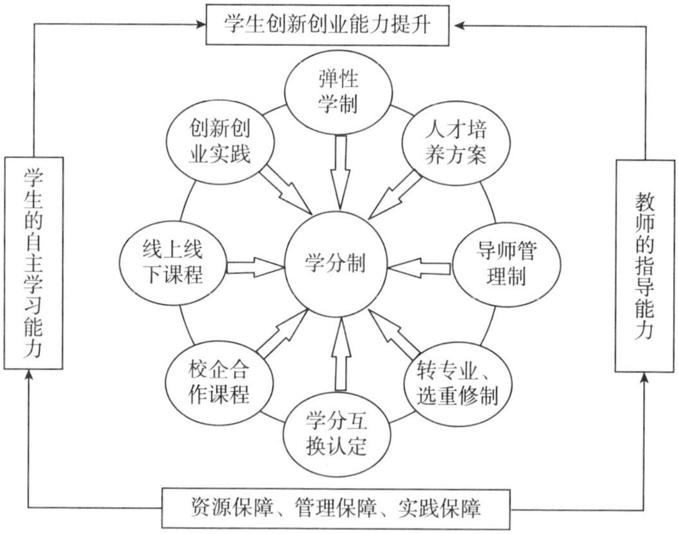

图 4-1　学分制改革示意

（一）学分制改革的具体举措

1. 实行动态弹性学分制

实行动态弹性学分制，修订学分制实施细则，为个性化培养奠定坚实的制度基础。为满足学生创新创业的需求，学院规定学生在校期间可申请休学去创新创业，在修业年限之内，学生可随时创业，也可以随时返回学校学习，修够规定的学分即可毕业。

2. 深化人才培养方案改革，夯实学分制基础

学分制改革的核心是给予学生更多自主选择和自由发挥的空间，通过修订人才培养方案，有效解决"难以让学生有充分的时间自我学习和自我发展"的问题。学院通过产业学院建设为契机，调整了各学分制试点专业人才培养方案，一方面合理调整选修课的学分比例，选修课比例高于总学分数的20%，另一方面调整实践教学，使实践教学普遍总学时超过50%，现代学徒制试点专业实践学时超过60%，让学生有充分的时间自主学习和实现自我发展，鼓励学生把更多的时间用于创新实践，获得创新创业实践学分。

3. 建立导师管理机制，加强学习过程管理

各专业建立导师管理制度，由专任教师组成导师队伍，指导学生完成在校期间的课程学习，规避未知风险，从而提高人才培养的质量。同时，导师按学生考勤、课堂作业、日常表现等记录学生学习过程成绩，强化学生的自主学习意识、提高学生的自主学习能力。建立学业预警机制，由教务处、二级学院、导师组成预警信息小组，加强对学生预警的提醒，提升学生的学习质量。

4. 实行开放的转专业及辅选重修制度

充分尊重学生的兴趣和特长，给学生提供更多的自主学习选择权。学生进校一学期后可根据自身情况，按照学校要求提出转专业申请，转到利于自身发展的专业；学校每学期开设“人文与素养”“科学与技术”“社会与经济”“艺术与审美”“运动与健康”五大类100余门通识教育公共选修课，供学生选择，促进学生的个性化成长；鼓励学生开展“1+X”证书试点学习，辅修多个证书课程，用于置换其他课程；支持学生自主学习，已修读过的课程；只需随班修读1/3的课程；其他采用自学完成，缓解学习时间上的压力。

5. 以生为本，建立学分互换认定管理制度

学院制定《学分制管理办法》《学分互换认定管理办法》，在全校范围内全面推进学分认定与互换、学分绩点改革，学生通过选修相关课程、开展技能竞赛、社会实践、职业技能证书、“1+X”证书等取得的成绩可以认定转换为相应学分。同时，以高职扩招退役军人班、现代学徒制班为试点，探索并实施了校企课程学分互认、成果学分互认等试点，学生在合作企业中修的课程，在一定范围内，学分可以互换、成绩可以互认。这项制度扩大了学生选课的自主权，有利于培养学生的技术创新能力。

6. 建立个性化校企合作课程

利用产业学院丰富的产教融合基地，各专业开发了大量的校企合作课程，学生根据自己的专业兴趣和专业特长开展个性化的课程选课。部分理论课和实践能力培养类的课程可以互认；学生根据自己的意愿，还可以进入校企合作实践基地修读相关课程，获取相应学分，也可根据自己的学习能力和时间安排，提前修读专业课程。

7. 为学生提供线上线下学习课程

学院顺应“互联网+”的时代要求和职业教育发展趋势，在选修课中积极推行使用在线开放课程学习，为学生提供更多的学习形式。校企合作共建一批精品在线开放课程，既考虑学校的各类精品课程、全校通识课程、专业基础课程及资源积累丰富的优质课程，也关注到体现学科优势、适合在线教学的课程，且在 MOOC、超星等平台提供学生线上选修；同时，加大对外部优质在线教学资源的引入力度，积极引入“超星尔雅”公共课平台，收录国家精品在线开放课程等众多资源，使学生享受到优质教学资源，也为教师教学方法的创新提供示范引领作用。通过课程，拓展学生的知识和技能，提高人才培养的质量。

8. 设置创新创业实践学分

加快创新创业教育与专业教育的深度融合，努力提升创新创业教育水平。完善创新创业实践学分管理，在培养方案中设置创新创业实践学分，鼓励学生积极开展创新创业实践。学生参加的创新创业大赛、获得的专利或软件著作权、发表的学术论文、参与的教科研项目、参与的创新创业训练计划项目等，均能获得相关的创新创业实践学分，且可在一定范围内实现学分互换。该举措极大地调动了学生参与创新创业活动的主动性和积极性，创新创业比赛及项目的年参与率达 90%以上，培育了更多具有创新意识及创业能力的人才。

（二）学分制实施的保障举措

1. 资源保障

学分制的顺利实施必须依靠丰富的教学资源，开发区科学城产业学院；建设了大量丰富的产教融合基地、创新工作室和协同创新中心，校企合作试点专业开发了大量的校企合作课程。同时，学校建设了一批精品在线开放课程与精品资源共享课程资源，引入“超星尔雅”公共课平台，收录国家精品在线开放课程等优质教学资源，为学生选修奠定了坚实的基础。学生可以根据自己的专业兴趣和专业特长开展个性化的课程选课。

2. 管理保障

在教学管理中，重新设计人才培养方案、课程结构，给学生更多选择和自由发挥的空间；制订和完善《学分制管理办法》《学生转专业管理办法》《学分互换认定管理办法》《重修管理办法》等制度，加强了对学分制实施的管理；升级改造现有的教学管理平台，以适应学分制改革条件下的教学管理、成绩管理和学分互换等；建立学分制教育成本分担机制，促进复合型人才培养。

3. 实践保障

产业学院中企业真实的项目、各级各类创新创业大赛和技能大赛、教科研项目等均为学生的实践参与提供了大量的机会，在培养方案中设置创新创业实践学分，鼓励并组织学生积极开展企业的真实项目，开展创新创业实践，参加创新创业大赛、技能大赛，发表学术论文，获得专利或软件著作权，参与教科研项目，参与创新创业训练计划项目等，获得的奖励均可实行学分互换，为学生的创新创业实践提供了有力的保障。

4. 质量保障

建立产教融合的质量保障体系，注重课程教学资源的建设，重视学生学习效果的反馈，加强对学生学习质量的监控，及时反馈学生的学习状况，鼓励教师设计更为灵活的考试制度。学分的取得不仅只是期末考试的终结性评价，还将结合学生平时表现、技能竞赛、参与实践等过程性评价，提高学生的学习效果。

第二节　产教融合创新创业人才培养的“1+X”证书试点改革

2019年，国务院出台《国家职业教育改革实施方案》，提出在职业院校、应用型本科高校实施“学历证书+多种职业技能等级证书”（即“1+X”证书）制度，积极鼓励职业院校的学生不仅要获得学历证书，还要努力考取多种职业技能等级证书；同年，教育部、发改委、财政部、市场监管总局联合出台了《关于在院校实施“学历证书+若干职业技能等级证书”制度试点方案》，标志着正式实施“1+X”证书试点。2019年到2020年，教育部先后公布了4批“1+X”证书制度试点院校及职业技能等级证书试点名单，标志着“1+X”证书试点进入了加速实施阶段。

国务院将“1+X”证书制度视为国家职业教育制度建设中的一项基本制度，是一项构建中国特色职教发展模式的制度创新。与人力资源部门设置的职业资格或等级证书不同，它是教育系统内部对职业教育与培训体系的完善，促进了职业院校推行学历教育与培训并举，促进了人才培养模式和评价改革的深化，也对专业人才培养方案的制订和内涵提出了新要求。“1”是指学历证书，是学习者完成国家学制系统内规定的学习任务后获得的学历证书；“X”为若干职业技能等级证书。“1+X”证书制度要求学生在获得学历证书的同时，取得多种职业技能等级证书。学历证书和职业技能等级证书不是两个并行的证书体系，而是两种证书的相互衔接和相互融通。职业技能证书是学生职业技能水平的凭证，也是对学生职业技能学习成果的认定。证书既体现岗位（群）能力要求，又反映职业活动和个人职业发展需要的综合职业能力。“1+X”证书制度实质上是一项为了改革职业教育与培训体系，完善国家职业资格证书制度，促进校企合作、产教融合的举措，鼓励职业院校学生在取得学历证书的同时，积极考取多类职业技能等级证书，从而提高就业竞争力，缓解就业压力。

“1”和“X”衔接互通的意义不只是证书本身，更重要的是转变人才培养的质量评价方法，深化职业教育的教学模式改革；特别是要把“1+X”证书制度和专业建设、课程建设、教师队伍建设紧密结合，促进产教融合、校企合作理念下的人才培养。坚持育训结合、内外结合、长短结合，促进毕业证书与职业技能等级证的融通，以人才评价模式改革带动职业教育质量的提升。要准确把握人才培养的关键要素和主要环节，要把“1+X”证书制度落实到深化教师、教材、教法的“三教”改革上，进而改进学习过程的管理与评价。

一、国外职业资格证书制

在全球产业飞速发展的背景下，职业教育的发展与国家的经济紧密相连。在历史发展进程中，职业教育较发达的德国、英国、澳大利亚、美国等国逐渐建立了较为完善的国家职业资格证书框架、制度和证书体系，且在国家层面统一认证标准，便于各类（包括学徒制在内）学生的升学及管理。如英国建立了职业资格证书制度（National Vocational Qualification，NVQ），按照国家职业标准分为八个等级，学生通过考核即可获得相应的资格证书；澳大利亚建立了学历资格框架（The Australian Qualifications Framework，AQF），融通了普通教育与职业教育，职业教育的学生取得相应的资格证书后可以升入普通大学继续就读，普通教育的学生通过资格框架考试后也可以进入职业教育开展系统学习。职业资格证书制度和资格框架设计，使澳大利亚的学生可以实现教育形式的灵活转换，达到升学目标。美国学生在中学毕业后可进入社区学院学习，社区学院可同时提供普通大学的前两年课程教学和职业技术课程及证书，学生通过学习获得相应学分后，可通过学分互认机制直接升入承认该学分的本科院校，转换灵活，升学方便。德国强调职业教育学历证书与多类职业技能证书并重，重视立法，制订了《职业教育法》《职业教育条例》《培训条例》《考试条例》等与各州制订的《框架教学计划》《培训框架计划》等相互衔接，形成完备丰富的职业资格法律制度体系，强调社会工作的互相协调，从政策拟定到具体施行均有雇主企业、学员和政府的协同参与，使工作过程中的实际能力需求直接体现到教育培训课程和职业资格考核中，保障教育培训和职业资格证书的紧密联系；德国政府发布300多个具体的职业标准，强制规定职业资格证书是走上工作岗位的必备条件之一，获得职业资格证书前必须参加该行业组织的相关培训和考核，切实保障了国家职业资格证书的权威性、科学性及可靠性，从而提高职业资格证书的社会认可度。

国外职业资格证书制对我国的启示有：第一，学历教育、专业教育与职业资格证书的衔接是必然趋势，有利于专业教育依据行业准入标准改革与完善其课程设置、教学方式等，促进人才培养质量的提高；第二，职业资格证书与学历教育的衔接须加强顶层设计，在政策上促进政府、行业、企业、高校的合作，提升职业资格证书的社会认可度和含金量，推动职业资格考试的可持续发展；第三，实行学分互换是在专业领域内实现学历教育与职业资格证书衔接的重要方式，对学生职业资格学习成果予以认可，能够有效推动学生的积极性，促进职业教育规范化与可持续化发展，提高职业教育的质量。

二、国内实施“1+X”证书试点状况及成效

2019年，《国家职业教育改革实施方案》明确提出：职业院校、应用型本科高校启动“学历证书+若干职业技能等级证书”的制度试点，鼓励职业院校学生在获得学历证书的同时，积极取得多类职业技能等级证书。

自“1+X”证书试点方案公布以来，教育部发布了4批职业技能等级证书，共计472个，快速回应了《国家职业教育改革实施方案》的要求。随着人们对“1+X”证书制度认识程度的加深，证书的类型及试点数量也将越来越多。同时，“1+X”证书制度在受到职业院校和行业企业广泛关注的同时，也出现了一些问题。

（一）师生对“1+X”证书的认识不准

“1+X”证书一般是指“学历证书+若干职业技能等级证书”。大家对学历证书的理解没有异议，均指毕业证书，而对职业技能等级证书的理解却没有清晰而权威的界定，“1+X”证书与已存在多年的职业资格证书，特别是水平评价类的职业资格证书非常相似，难以清楚分辨二者的区别，认为是在原来“双证书”教学、考证的基础上，再新增若干证书内容的教学和考证，职业技能等级证书与职业资格证书混用、并用现象较为普遍。

（二）社会对“1+X”证书制度的认可不高

长期以来，社会对职业院校存在认知误区，认为职业院校培养的是技术型、技能型人才，“1+X”证书对学生个体发展的重要性不大。“1+X”证书制度能否得到大众认可还有待时间检验，其能否成学生高品质就业“敲门砖”的前景也不够明朗。总之，实施“1+X”证书制度尚未得到大众的认可，较难推进。

（三）院校对实施“1+X”证书制度的动力不足

职业院校在教育教学实施中，多数未能意识到“1+X”证书制度的意

义、价值和路径，实施成效不佳。部分职业院校虽然实施了“1+X”证书制度，但由于校企合作力度不强、缺乏“双师型”教师，影响到“1+X”证书制度在职业院校中的实效性落实。

三、现代产业学院建设中“1+X”证书制度的实践探索

实施“1+X”证书制度，要以校企合作为契合点，推进产教融合、工学结合教育的实施。构建校企合作长效机制，以“1+X”证书制度实施为导向，深化专业群及课程体系建设，推动学院与社会企业实效性合作，为学生等级证书的获取提供广阔的平台；与企业建立良好的合作关系，根据市场发展趋势，校企共建人才培养方案，推进“1+X”证书制度的实施与运用，达到良好的培养成效；深化“三教”改革，提高专业适应经济社会发展需求的能力；结合职业技能标准和教学标准，不断创新教学方式，构建课证融通的课程教学形态；建立与“1+X”证书制度相适应的学分制改革、成效反馈和评价机制；加大宣传力度，普及“1+X”证书制度的重要性，提升社会认识，转变大众看法，推动“1+X”证书制度落实，提升人才培养的质量。“1+X”证书实践如图4-2所示。

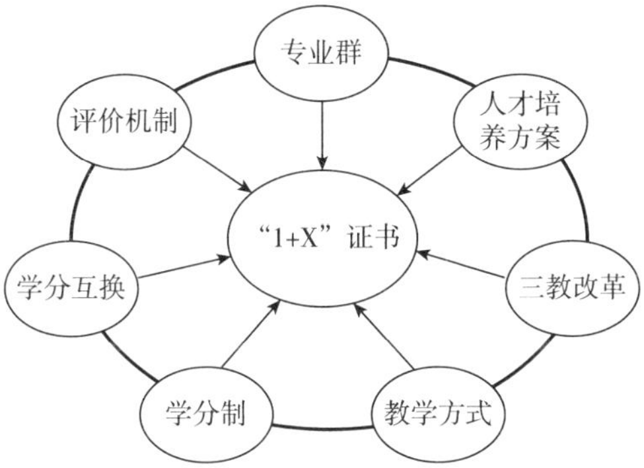

图4-2　“1+X”证书实践

（一）深化专业群及课程体系建设，为“1+X”证书制度打好基础

开展“1+X”证书制度试点工作，首先要建好专业群，专业群的组建不仅是知识逻辑，更是产业逻辑、岗位逻辑，其中，“X”职业技能证书不仅指

向知识素养技能，更指向特定产业和职业岗位，只有将知识、产业、岗位有机结合，才能真正与“X”职业技能证书相衔接。“1+X”证书制度试点显示了职业人才培养目标由过去的技术技能型人才向复合型技术型人才转变，这就要求其专业群要与产业集群或产业链对接，专业群内的专业要与具体的职业岗位对接，且这一岗位在区域内要隶属于支柱产业、新业产业或高新技术产业；专业群教学标准与“X”职业技能证书教学标准对接，这里的专业群教学标准并非群内专业教学标准的简单组合，而是根据专业群教学日标，在群内各专业教学标准的基础上结合职业技能证书教学标准后重新制订的教学标准，确保专业群教学标准与“X”职业技能证书教学标准的有机融合。

打破以专业为单位的课程壁垒，构建以专业群为单位的课程体系。遵循“底层共享、中层分立、高层互选”的构建原则，形成拓展能力进阶式课程架构。“底层课程共享”即将公共基础课程和专业群平台课程纳入底层课程，扩大专业群平台课的数量；“中层课程分立”即精选专业群内各专业的核心课程，尽可能减少专业核心课程的数量，例如，将办公自动化、数据库应用等课程纳入底层的平台课中，减少专业核心课程数量；“高层课程互选”即扩大专业群的专业方向拓展课程的数量，形成丰富的拓展课程资源供学生选修。根据“1+X”证书制度试点要求，为每个专业群选择好若干职业技能等级证书，将职业技能标准与专业群内相应课程教学标准紧密融合，利用专业群内的拓展课程资源，将职业技能证书标准与课程内容基本重合，设计为“课证融通”课程，使课程内容与证书教学内容有机衔接，形成专业群“课程融通”系统。

（二）“1+X”证书制度与人才培养方案相融合

专业人才培养方案是教学实施的指导性文件，学校是“1+X”证书制度的实施主体。在制定人才培养制度时，学校要与企业紧密合作，深入研究职业技能证书标准与专业标准之间的联系，推进“1”和“X”的有机衔接，将证书教学内容及要求有机地融入专业人才培养方案中；要统筹学历证书与职业技能等级证书、职业技能等级标准与专业教学标准、培训内容与专业教学内容、技能考核与课程考试，及时将新技术、新工艺、新规划、新要求融入专业人才培养；要将证书内涵融入相关课程和教学环节，使专业人才培养工作主动适应发展新趋势和就业市场新需求，促进毕业证书与技能等级证书对接、融合，实现产教融合理念下的人才培养。

（三）“1+X”证书制度与“三教”改革相融合

深化“三教”改革，就是要提高专业适应经济社会发展需求的能力，将“1+X”证书制度的实施与课程、教材建设相融合，及时将企业新技术、新工艺、新规划、新要求融入课程改革；就是要以企业为中心，参考企业的生产流程、标准、工艺等，实现教学内容的创新，将产业发展的实践案例融入教材，实现教学内容的延伸与拓展，让学生能够学习、了解企业的发展实际，为专业技能等级证书的获取提供学习保障。要根据岗位工作要求，推进岗位知识内容与专业知识内容融合，采取有效的教学方法，将岗位重要知识内容传递给学生，提升学生的学习积极性，促进学生对教材及岗位知识内容的认知与掌握，推动课程及教材建设适应发展新趋势和就业市场新需求。此外，还要建立与“1+X”证书制度相适应的专业教学团队、提升教师开展职业技能等级证书培训的能力。编制“1+X”证书制度下的专业教学标准，将职业技能等级标准、教材和学习资源开发、考核发证交由第三方机构实施，有利于客观评价专业人才培养质量。

（四）构建课证融通的课程教学形态

“1+X”证书制度试点的关键在于要落实到教学中，由于“X”证书制度是一种标准体系，不同于日常的知识技能体系，如果采用传统的密集训练、刷题等方式帮助学生快速熟悉考试内容进而通过考试，就会背离“1+X”证书制度试点的初衷。“1+X”证书制度试点应在既有教学内容的基础上，将“X”职业技能标准和教学标准相结合，不断创新教学模式，实现课证融通的教学形态。例如，将“X”职业技能证书教学与现代学徒制试点专业的教学改革相结合，进一步强化工作过程导向，以企业真实项目作为“X”职业技能证书教学的有效载体，将“X”职业技能证书的教学要求与企业的真实项目相融合，优化“双师”（学校教师与企业师傅）教学，实现“双师”共教共训模式，促进理实一体有机融合。将“X”职业技能证书的职业技能等级标准与教学标准融入课程教学中，融入教学改革过程中，促进教学质量的提高。

（五）建立“1+X”证书制度相适应的学分制改革制度

“1+X”证书制度试点推动教育学校管理模式的变革，推进模块化教学、学分制、弹性学制等教学管理制度的改革，促进学分互换的建设，实现学习成果的可追溯、可查询、可转换，规范有序开展学历证书和职业技能等级证书学习成果的认定、积累和转换，为技术技能人才持续成长拓宽通道。积极鼓励学生取得若干职业技能等级证书，支持其根据自身兴趣爱好辅修其他职业技能等级证书，并根据证书等级和类别兑换部分课程学分，完成相应的学分即可取得学历证书。落实职业技能等级证书按一定规则折算为学历教育的相应学分，在培养方案中提供更多灵活性的安排，也让学生结合自身情况有更多的学习选择权。学分制改革有效调动了学生学习及报考职业等级证书的积极性，推进“1+X”证书制度的有效实施。

（六）建立“1+X”证书制度相适应的成效反馈与评价机制

建立“1+X”证书试点过程性的数据收集、分析、反馈机制。围绕教师与学生两个方面，从教材、教学实施、学习动力、学习状态、学习成效等方面收集数据，并将其导入相应的分析软件作比较，实现对“1+X”证书制度的不断优化。建立纵向对比、持续追踪和横向对照、全面评估的机制。首先，建立学生档案，分析比较每个学生的纵向学习曲线变化，追踪每个学生的就业情况、职业生涯发展情况，作对比，判断X职业技能证书对学生发展的影响；其次，通过开展问卷调查、访谈等，客观评价学生因“1+X”证书制度试点而产生的变化。

第三节　产教融合创新创业人才培养的创新创业改革

党的十八大以来，党和国家高度重视高校创新创业工作，国务院先后颁发《关于大力推进大众创业万众创新若干政策措施的意见》《关于深化高等学校创新创业教育改革的实施意见》《关于建设大众创业万众创新示范基地的实施意见》等一系列文件。全社会掀起了“双创”热，“双创”理念日益深入人心，各种新产业、新模式、新业态不断涌现，有效激发了社会活力，释放了巨大创造力。近年来，各高校“双创”教育取得了积极进展，通过成立创新创业学院（中心）、搭建创新创业平台、开设创新创业课程、孵化创新创业项目、弘扬创新创业文化、开展创新创业大赛等方式，积极创建独特的大学生创新创业教育体系，培养学生的创新创业意识和实践能力，促进学生全面发展。

一、国内外创新创业状况

（一）国外创新创业状况

1. 美国斯坦福大学的“硅谷”模式

斯坦福大学走创业型大学之路的成功实践已经成为国外大学转向创业型大学的典范。自 20 世纪 30 年代起，斯坦福大学就积极与企业开展合作，寻求研究资助。1951 年，斯坦福大学工业园区建成（Stanford Research Park，又称为斯坦福研究园，后成为硅谷的发源地），标志着斯坦福大学迈上创业型大学的发展之路。随着斯坦福研究园的成立，斯坦福大学与工业企业的联系日益紧密，斯坦福大学研究园的创建进一步促进了斯坦福大学创业教育的发展。1970 年，其设立的技术许可办公室实现了学术研究成果的商业化推广，成为全美高校的技术转移典范。20 世纪 90 年代，斯坦福大学与硅谷合作，培养了众多高科技产品的领导者和创业人才，创造了“硅谷奇迹”，在短短的 20 年内迅速成为美国十佳大学之一。斯坦福大学创业型大学发展的主要特色是围绕创业型人才培养目标，形成了以创业课程、技术转移和创业网络为核心的创业保障体系，如图 4-3 所示。

2. 德国慕尼黑工业大学的“‘管理+’培养计划”模式

德国慕尼黑工业大学被公认是研究型大学向创业型大学转型的成功典范，也是欧洲一所标杆性的创业型大学。德国慕尼黑工业大学创业中心的“管理+”培养计划是其创新创业教育生态体系的重要组成部分，它将行动学习和实践教育贯穿全程，将职业教育与创业教育有机融合，注重发挥创业教练和实践导师的指导作用，充分挖掘学生的自我教育潜能，突出精英教育和精准培育，在实践中产生了很好的效果。德国政府非常重视大学生创新创业生态环境建设，从立法的高度推进大学生创新创业生态环境建设。例如，德国各级政府和各类部门均设有负责为大学生创业提供项目咨询、创业培训、新技术项目建设等服务和为中小企业提供企业注册、生存保护等事务管理的专门机构，学校主要从教育角度全面加强和构建学校内外的创新创业生态环境建设。企业应提高培养大学生的社会责任感，积极参与大学生的“双元制”培养。大学生个体应积极融入国内的创新创业生态环境，不断调整自我的创新创业发展策略。

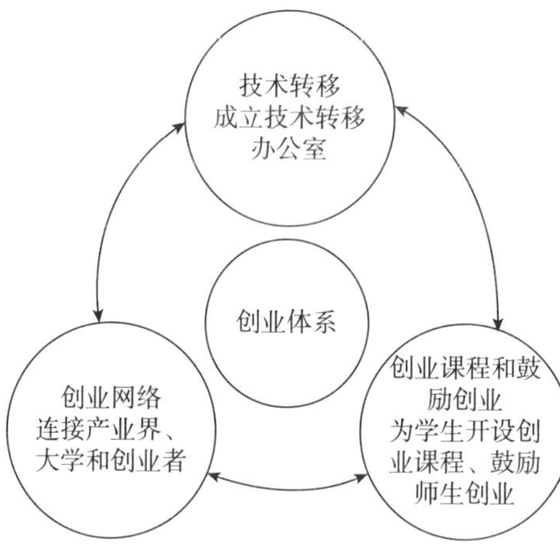

图 4-3　斯坦福大学创业体系

3. 英国华威大学的“产教融合机制模型”模式

英国华威大学是全球百强名校、英国顶尖研究型与创业型大学，也是英国首批将商业运作模式引入高等教育的大学之一。华威大学制造工程学院已经是欧洲最大规模的制造工程教学、科研、工业发展及顾问中心，是英国最著名的科技与创新中心，也是具有世界水平的科研领导机构之一。华威大学将产教融合作为关键驱动因素，从而构建“产教融合意识培育”“产教融合实践探索”“产教融合能力提升”和“产教融合环境营造”的高校产教融合机制模型。华威大学制造工程学院始终立足于市场需求、与行业企业紧密结合，获得了政府部门的支持，整合所有资源，确保项目最终的成功。华威大学制造工程学院目前被认为是全世界数一数二的大学与产业紧密结合的工程制造中心，与劳斯莱斯、宝马及路虎等很多知名企业有着良好的合作关系，被欧美一些媒体报道评价为教育与产业结合的楷模。

（二）国内创新创业状况

1. 清华大学的“三位一体、三创融合、开放共享”创新创业教育模式

清华大学创新创业教育是我国研究型大学创新创业教育典型模式的代表之一。其“三位一体、三创融合、开放共享”的创新创业教育模式构建了完整的高校创新创业人才生态培养系统，是以提升学生综合素质为目标的教育，利用现有的资源与条件，重视实践性教学，将创新创业教育与专业教育相融合，建立跨院（系）、跨学科、跨专业多学科交叉的创新创业教育模式。清华大学将知识传授、能力培养和价值塑造相结合，打造创业者所需的创新精神、团队精神、社会责任等价值观，形成了“三位一体”的人才培养思路。清华大学通过对创新创业教育平台和创新创业教育实践活动的全面设计，构建了全方位的创新创业教育生态系统，又通过院（系）共建联合企业、投资机构、战略合作伙伴等的形式，面向全校学生、校友与教师成立了横向联合机构“x-lab”三创教育平台，2015 年建成了全球最大的校园创客空间——“i—Center”清华创客空间。“i—Center”是服务于创新创业教育的跨学科创客实践平台，是集知识、能力、素质和创新实践为一体的工程训练平台，为学生提供项目指导、技术支持、政策咨询和资金等资源，又将学习训练的成果输出，转化为真实的创业项目，从而提高学生的创业收益，提升其创业信心。

2. 华南师范大学的“分层次”“一体化”模式

华南师范大学夯实“四个平台”，打造创新创业教育“升级版”。学校面向全体学生构建“分层次”“一体化”的创新创业教育体系，将创新创业教育融入人才培养全过程；探索建立“为学生植入创业基因，服务经济转型升级”的创新创业教育理论和方法，重点夯实“创新平台、创业平台、教学平台和科研平台”四个平台建设，形成“创新学科化、创业整合化、政策系统化、服务社会化、价值市场化”创新创业教育生态系统；实现课程体系本地化、实践平台多样化、师资队伍专业化、人才培养个性化、价值体系社会化、学科发展国际化的“六个化”，实现创新创业教育与专业教育有机融合，走出一条行之有效且独具特色的“双师模式”创新创业教育发展之路。

3. 高职院校的“青年创新创业人才培养计划”模式

广东轻工职业技术学院依托突出专业以及产学研优势，打造“创新创业人才培养和项目培育、科技成果孵化和转化、社会资源集聚和对接”三位一体的校级创新创业实践基地，建成大学生创新教育与创业训练中心。广东轻工职业技术学院与政府部门、社会组织和校友加强联系，为学生创业项目提供全方位孵化服务，帮助其健康成长；利用行业协会资源，为实践平台提供技术支持，实现学生创业项目与政府资源的无缝对接，为实践平台提供师资保障和资金，为大学生创新创业提供全方位服务。

二、现代产业学院背景下创新创业育人模式实践

以“将产业学院建在产业园区，将专业建在产业链上”理念为核心，积极融入开发区产业园区，开展产业学院，是现代产业学院背景下创新创业育人模式的新尝试。校企共同创建“教学与生产相协同、学生与员工相统一、基地与车间相一致、教师与工程师相补充、技术与创新相融合”的实践平台，以政府创新创业政策为引领，以产教融合为契机，以行业企业为依托，以现代产业学院为载体，将创新创业素养教育与专业教育相融合，通过“政校行企”多方联动，聚集创新创业人才的各种要素与资源，协同共建校内外创客空间、创业苗圃、众创空间等大学生创新创业实践场所，着力打造产教融合的大学生创新创业平台，大学生创业公司以企业项目合作、专家指导、接收学生顶岗实习等方式反哺我校创新创业人才培养，形成良好的可持续发展的创新创业人才培养生态体系。加快推进创新创业孵化基地建设，探索与构建“校、企、孵”三融合，“实践、竞赛、孵化、创业”四贯通的创新创业与就业教育模式，不断促进人才培养质量的提升。

（一）构建创新创业人才培养生态体系

以现代产业学院为载体，明确“政校行企”多元协同在高职创新创业人才培养中的作用，政府是高职创新创业教育的推动和引导者，高职院校

是高职创新创业教育的主要承担者，行业是创新创业教育的重要实践平台，企业是创新创业活动的重要参与者，充分发挥政府、高校、行业、企业的各自优势，多元协同、聚集资源、形成合力，全力助推高职创新创业人才培养，为推动创新创业教育教学改革提供支撑，构建以现代产业学院为载体的创新创业人才培养生态体系，如图 4-4 所示。

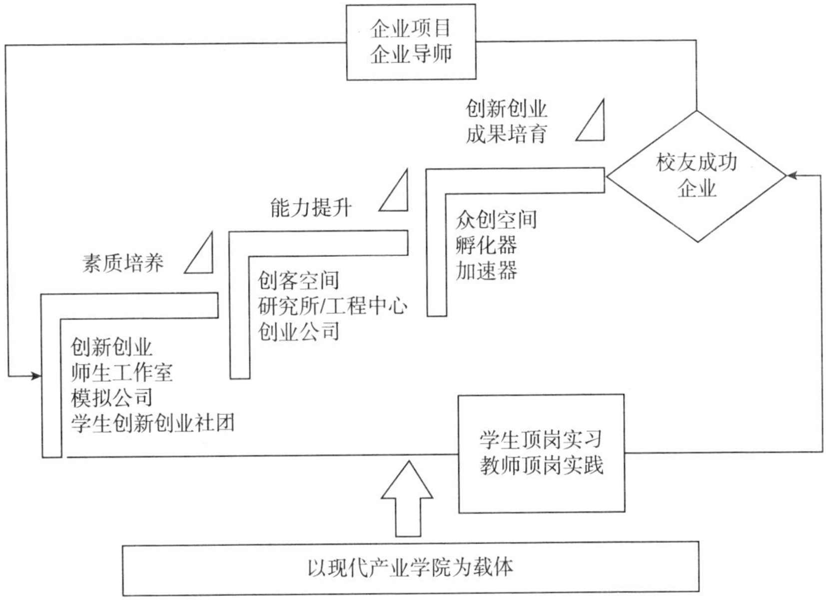

图 4-4　高职创新创业人才培养生态体系

1. 素质培养系统

由创新工作室、模拟公司、学生社团等组成大学生创新创业素质培养系统，通过组建创新创业师生工作室、模拟公司、学生创新创业社团等形式，培养一、二年级大学生的创新精神、创业意识，从而提高学生的创新创业素质与综合素养。

2. 能力提升系统

由创客空间、研究所、工程中心、创业公司等组成大学生创新创业能力提升系统，通过考核、评定、竞赛等形式选拔具有发展前景的学生及项目进入创新创业基地，实行创新创业实战培训，通过开展项目实战、创业实践、模拟公司等活动的开展，促进大学生创新创业能力的提升。

3. 创新创业成果培育系统

由政府主导，校企共建众创空间、孵化器和加速器等大学生创新创业成果培育系统，依托政府政策支持与资金资助，利用创新创业成果培育系统，把具有发展前景的大学生团队与项目推向市场运作，促进大学生团队加速成长，培育一批真正能经得起市场考验的大学生创业企业。

4. 回馈反哺系统

由创业成功的校友企业组成回馈反哺系统，孵化与培育一批成功的具有影响力的大学生企业；大学生创业成功后，通过企业项目合作、专家指导、接收学生顶岗实习等方式反哺学校创新创业人才培养工作，从而形成一个通过校友的成功创业进一步反哺创新创业人才培养的生态体系，使得创新创业教育工作与高职人才培养有机结合。

（二）深化创新创业人才培养模式改革

依托创新创业人才培养生态体系，构建“三融合、四贯通”的双创人才培养模式，深化学校、企业、孵化基地的三融合，聚集创新创业人才培养所需的师资、场地、项目、市场、资金、服务等各种要素，促进实践、竞赛、孵化、创业教学环节的四贯通。通过“学校、企业、孵化器”三融合，将企业项目融入教学内容、实训项目中，将企业成为认知实习、生产性实习、顶岗实习的重要基地，学生在感知、认知、熟知产品的同时，学习知识、学习技术与技能。以竞赛为抓手，激发创新创业热情，形成创新创业成果。通过企业检验与转化师生的双创成果，孵化双创项目，成立初创公司，通过初创公司提供就业岗位，带动就业，提供实践岗位、反哺教学，形成“实践、竞赛、孵化、创业”四贯通的双创人才培养模式。

1. 聚合创新创业要素，实现实践、竞赛、孵化、创业四贯通

通过“学校、企业、孵化器”三融合，最大限度发挥三者优势，聚合师资、场地、项目、市场、资金、服务等全方位双创要素，营造良好的创新创业生态环境；打通学生双创实践、双创竞赛、技术创新与研发、双创成果转化与孵化、创业就业之间的壁垒，使学生初创公司为学校提供实践机会与实习岗位，反哺教学，促使四贯通，促进双创高素质技术技能人才培养质量的提高。

2. 契合企业新技术的发展，促进实训与双创实践融合

充分发挥企业在技术上的引领作用，将认知实习、课程实训、生产性实习与创新感知、创业认知、创新创业实践相对接。在实训环节中融入企业真实项目，植入创新创业要素，以启发式、设计式、策划式开展实训教学，深入研发实训中的优秀项目，实现从实训到双创再到研发的贯通。

3. 聚集生产、市场、营销、渠道等新产品开发要素，促进师生技术创新成果转化

以企业产品创新为引擎，依托企业的生产、市场、营销、渠道等优势，解决师生科技成果的转化问题。学校师生技术创新、发明专利、创业方案与策划方面具有优势，但众多“双创”成果仍停留在研究开发阶段，无法落地，导致成果浪费。而在三融合的环境下，依据企业的需要开展产品研发与技术创新，有目的、有方向，针对性强，企业将成为“双创”成果转化的推进器，促使“双创”成果有效转化。

（三）现代产业学院建设背景下创新创业育人模式改革实践举措

1. 深化产教融合，加快推进校企合作

在创新创业教育改革中，围绕学生创新创业素养与能力的培养，实施“实践、培训、竞赛、孵化、服务”五位一体为创新创业孵化基地建设，为双创团队提供技术、资金、场地、政策与法律咨询、工商与税务等支持服务，以及提供专业导师团队，开展一对一的帮扶，提供精准服务，促使双创项目孵化成初创公司，实现可持续发展。

2. 建设“普识化、专业化、精英化”三进阶的创新创业教育课程体系，推进创新创业课程建设

将创新创业教育与职业能力培养融入人才培养全过程，以培养学生创新精神、创业意识为宗旨，建设“普识化、专业化、精英化”三进阶的创新创业教育课程体系。

一是面向全体新生开设创新创业导论课程。将“思政教育、专业教育、双创教育、素养教育”四融合，通过精选课程内容，做好“创新与创业导论”课程的网络资源建设工作；完善课程标准、课程大纲、教学课件，制作百余个教学视频，借助信息技术教学手段，灵活多样地编排微视频、互动教学、在线测试等教学环节，激发学生兴趣；编写具有时代精神的创新创业教育教材《从零到卓越——创新与创业导论》并入选“十三五”职业教育国家规划教材，课程覆盖面达100%。二是将创新创业教育与专业教育相融合。以培养具有创新精神与创业素养的技术技能人才为目标，深化课程体系改革，结合专业构建专创融合的课程体系，建设专业化创新创业特色课程。三是开展精英培养。对有意愿创业的学生有针对性地开展创业能力培训与训练，使学生在培训学习中深刻体会到创业必须面临的问题，通过撰写创业计划书，使学生理解创业过程的关键环节与创业的关键要素。

3. 开展“趣味性、互动性、灵活性”丰富多彩的创新创业活动

大力开展创新创业特色活动，举办包括“创业实践嘉年华”“创新创业孵化基地入驻团队经验交流会”“校园创客嘉年华”“创新创业项目路演”“创新创业就业政策宣传”“创新创业成果交流会”等内容在内的大学生双创活动周，辐射影响全校师生。

4. 积极实施创新创业学分制改革，激发创新创业热情

学生在校期间参加创新创业实践活动取得的成果，经认定后可替代相应学分。学生参加由政府部门或其委托的行业权威机构组织的创新创业竞赛，以及校内组织的各类创新创业竞赛；学生参加校园创业（非注册）、网上创业实践、SYB创业培训并获得证书、入驻学校科创谷或创新创业孵化基地；学生主持或参与学校及省市级以上的大学生创新创业训练计划项目、攀登计划项目、科研课题等；学生获得知识产权；学生校内外创业（已注册公司）等，均可置换为相应学分，可极大地提高学生参与创新创业实践活动的积极性。

第四节　产教融合创新创业人才培养的现代学徒制改革

“现代学徒制”是教育部提出的一项旨在深化产教融合、校企合作，完善校企合作育人机制，创新技术技能人才培养模式的重要举措，是在校企深度合作前提下，以学生技能培养为目标，以学校和企业“双主体”、以教师和企业师傅“双导师”、以企业和学校“双基地”育人为核心的人才培养模式改革。

现代学徒制将传统的师傅带徒弟的培训模式与现代高职教育相结合，将教育、培训和就业融为一体，实现行业、企业参与职业教育人才培养的全过程，推动专业设置与产业需求对接、课程内容与职业标准对接、教学过程与生产过程对接、毕业证书与职业资格证书对接、职业教育与终身学习对接，提高人才培养的质量和针对性。

现代学徒制是西方国家职业教育的主要模式，较具代表性的有德国双元制学徒制模式、美国注册学徒制模式、英国“三明治”学徒制模式和澳大利亚新学徒制模式等，均采用工学结合的形式来实现全过程的人才培养，在合作机制、培训标准、师资队伍培养、教学资源建设等方面取得了长足的进展，具有很强的规范性和科学性。

一、国外现代学徒制的发展状况

（一）德国双元制学徒制模式

“双元制”是德国学徒制的表现形态，是现代学徒制职业教育的典范，其特点主要体现在：第一，政府立法支持、协会主导、企业高度参与。政府制订了《联邦职业教育法》《职业教育条例》等与职业教育有关的法律，从法律上明确了职业教育的重要地位和作用。同时，协会不仅要确认职业培训的场所和职业培训的人员资格、审查培训合同，还要监督培训的活动，负责结业考试。第二，注重实践环节。双元制教育十分重视动手实践，每5天的学习时间中，学员有3~4天的时间在企业实习。学生通过企业的实践锻炼，提高了实践能力，也提高了学生的人际交往能力、团队合作能力。第三，建设高素质的师资队伍。德国职业教师的学历为本科以上，且须经过2年的实习，实习期间还需要通过教育学和心理学的理论考试，取得教师职业资格证书，才能申请签约。第四，完善的考核评价体系。学生在培训期间一共需要参加两次考试，一是阶段考，一般安排在培训期中；二是结业考，安排在学习结束时，考试侧重实践考核。

（二）美国注册学徒制模式

美国的注册学徒制建立了企业雇主（联盟）主导职业培训和社区学院，

如跨国合作相互协调的主导理论教学体系。围绕为什么合作、如何合作以及如何实现合作等方面，逐步形成了“市场主导，政府驱动”的利益驱动机制、“统筹兼顾、联盟平台”的协调沟通机制、“多方协同、标准引领”的课程开发机制、“证书规范、行业认证”的质量保障的四个维度的运行机制。在优化顶层设计、充分发挥行业企业主体作用、完善组织机构、构建专司统筹的多元治理格局、加强制度建设、推动学徒制规范化科学化发展等方面均有较丰厚的经验。

（三）英国“三明治”学徒制模式

20世纪初，英国学徒制开始尝试一种校企合作“理论—实践—理论”或“实践—理论—实践”结合的“三明治”学徒制培训及课程设置模式。英国学徒制与国家一般职业资格证书相衔接，实现了与普通教育的衔接。同时，参与现代学徒制的学徒需要完成技术证书和核心技能的考核，就此形成由技术证书课程、关键技能课程和国家职业资格课程（NVQ）共同构成的三维立体课程体系。院校开设关键技能课程和技术证书课程，一般以考试形式开展考核；国家职业资格技能为程序性知识，重点培养学徒工作场所的特定能力，为学徒的评估提供了证明能力水平的材料，并定期检查工作场所的评估员的反馈。英国“三明治”学徒制的优势主要体现在三个方面：其一，校企深度融合，学徒享有工资收入，能充分调动学生的学习积极主动性。其二，企业的认可度高，学徒拥有更好的工作机会。学徒制为学徒知识和技能的提高提供了保障，得到企业的充分认可，实现人才培养质量与企业需求的高度契合，学徒职场上升空间更大。其三，社会认可度高，有良好的工作待遇保证。受到国家的政策保证和财政支持的学徒制，与其他行业相比，具有良好的工作待遇，学徒还可以享受免费学习的机会及带薪休假。

（四）澳大利亚新学徒制模式

澳大利亚联邦政府早在1998年就引入了新学徒制，将学徒、培训机构和用人单位联系起来，形成了结构合理的培训课程体系，具有层次化、一体化的特点。新学徒制在澳大利亚职业培训法中得到了保障，只要是年满

15岁的澳大利亚公民都可以申请参加新型学徒制培训（包括岗前培训与在职培训）。新学徒制实施体现三个特点：第一，学徒和雇主到国家注册的新学徒制中心签署培训协议，再到注册培训机构参加面试，注册培训机构主要由澳大利亚各州和地区内的技术与继续教育（Technical and Further Education，TAFE）学院承担，学徒、雇主和培训机构三方商讨后共同鉴定签署一个培训计划，计划明确三方的权利和义务、培训的目标，以及培训的项目；第二，参与新学徒制培养的培训机构（TAFE学院）可得到政府的教育经费，承担知识传授和部分技能培训，企业培训是学徒制的主要组成部分，雇主必须在整个培训过程中为学徒提供学习机会，并据此支付工资，政府同时向学徒的雇主提供补贴；第三，学徒可以根据自己的情况，与雇主协商选择不同培训的时间、地点、培训方式、培训老师及学习的技术技能。

二、国内现代学徒制的发展现状

2014年，我国在《国务院关于加快发展现代职业教育的决定》中明确提出“开展校企联合招生、联合培养的现代学徒制试点”的意见，教育部颁布的《关于开展现代学徒制试点工作的意见》标志着我国现代学徒制进入新的发展时期。随后，人力资源和社会保障部、财政部联合印发的《关于开展企业新型学徒制试点工作的通知》，国务院印发的《国家职业教育改革实施方案》，教育部办公厅印发的《关于全面推进现代学徒制工作的通知》等文件提出了“借鉴他国模式，总结现代学徒制和企业新型学徒制试点经验，全面推广现代学徒制”的任务要求，全面推开现代学徒制工作。截至2018年，国家试点了3批共562家现代学徒制单位。我国的现代学徒制尽管起步晚，发展却很快，目前全国共有1000多个现代学徒制专业点，共培养了9万余名学生。尽管如此，我国现代学徒制仍存在四个问题。

（一）缺乏校企合作共赢的长效机制

虽然国家出台了大量的文件支撑，可从目前试点来看，由于企业资源不够、校企合作深入不足、学生培养质量满足不了企业需求等原因，现代学徒制的教育主体仍是学校，企业的参与度不高；文件的实施、企业的奖励等未能得到真正解决，因而试点中仍出现学校热情高涨、企业冷淡迎合的尴尬局面，这也是导致在现代学徒制培养中，企业无法尽其义务的原因。如何形成校企双方共赢的长效机制，是我国现代学徒制实施中必须面临的首要问题。

（二）缺乏统一的现代学徒制标准

在德、美、英、澳等现代学徒制发展较早的国家，政府已牵头建立了一套相应的标准，用于规范和指导现代学徒制人才培养的质量；我国虽然积极开始了现代学徒制的探索，但人才培养的规格和标准、各试点专业教学标准、课程标准等，难以保证人才培养的规范性，人才培养质量难以得到行业企业的认可。

（三）缺乏完善的校企师资评聘机制

现代学徒制的教学团队是由学校教师和企业技术能手组成的“双导师”团队，共同承担相应课程的教学任务。但就目前试点来看，普遍存在学校教师缺乏实践能力，技术能手缺乏教学能力的现象。特别是在教学团队的组建初期，校企双方导师缺乏有效沟通，在教学环节往往出现割裂、脱节等问题，不能很好地满足现代学徒制的教学要求。另外，由于企业对学徒师傅的激励机制尚未完善、缺失晋升标准，导致企业导师对教学的热情不高、积极性下降。

（四）缺乏真实的教学生产场所和资源

现代学徒制的培养，要与企业生产紧密结合，以岗位典型工作任务和职业能力培养为目标，因此，教学场所往往选择与企业生产场景一致的实训场所，课程资源须与岗位工作任务相对应。但在试点过程中，由于受企业资源、保密条件等限制，教学场所中的实训设备落后于企业的生产状况，开发的课程资源不能做到与企业生产实际相一致。

三、现代产业学院背景下现代学徒制探索

构建以学分制、现代学徒制“两制”为核心，以强化学生素质、创新创业、专业技能培育“三育”为目标，建设多元评价体系的“两制三育一

体系”，形成“四元协同、五创并举的‘1+X’育训结合”的现代学徒制人才培养模式。

现代产业学院背景下现代学徒制试点的特点如下推进“政校行企”四方联动，加强政府指导及行业、企业、学校之间的合作参与，加大现代学徒制的宣传力度，通过正面引导，扩大现代学徒制的影响力。协助企业获得政府财政补贴和税收减免等方面优惠，让企业在现代学徒制培养中获得实实在在的实惠，建立产业学院理事会机制，明确各方的责任与义务，消除企业参与的后顾之忧，促进行业、企业参与的积极性。

1. 校企结合、育训结合，构建5S人才培养体系

创建教学与生产相协同、学生与员工相统一、基地与车间相一致、教师与工程师相补充的实践平台，为现代学徒制人才培养改革奠定了坚实的基础。基于企业主导现代学徒制“5S”的人才培养理念，以“创立产业学院、创办四链衔接论坛、创设系列专项课题、创新校企激励措施、创建临时党支部”的“五创”并举措施为抓手，强化“双身份、双导师、双场地、学分改革、育训结合”培养，形成了“四元协同、五创并举的‘1+X’育训结合”的现代学徒制培养模式，以项目为驱动，以成果为导向，工学交替，校企分五个阶段开展联合培养（基础知识储备阶段—项目分解阶段—项目操练阶段—项目交付阶段—孵化创新研发及创业阶段）。第一、第二阶段通过学校学习，掌握岗位需求的理论知识；第三、第四、第五阶段在企业真实场景下实施项目，让学生身临其境，掌握项目策划、跟踪检测等判断性思考和解决问题的能力，具备创造与革新精神、创业规划与设计的能力。校企结合、育训结合，逐步提升学生技术技能水平及创新创业能力。

2. 完善现代学徒制技能标准，推进“1+X”证书制度

构建现代学徒制技能标准应遵循现代教育理念，体现教育与行业、学校与企业、专业与职业、教学过程与生产过程有机对接的产教联动。依托产业学院中的行业企业，校行企协同构建学徒制框架，制定专业教学标准，用于界定教学内容、规范课程体系、指导专业建设、开展课程评价等，实现现代学徒制人才培养的标准化和规范化。在构建过程中，基于专业定位，利用大数据技术对网络上的海量招聘数据挖掘、清洗及分析，并结合传统问卷调查及实地走访方式，把握最新的岗位人才需求及特征；采取“二维四步五解”职业能力分析方法，对合作企业培养目标岗位开展工作项目、工作任务、职业能力的逐步分解；最后，以职业生涯发展为导向明确专业定位，以典型工作任务为线索确定课程设置，以职业能力为依据组织课程内容，以工作任务为载体设计教学活动，确定人才培养方案；在专业核心课程中融入国际标准，使教学要求和专业认证与国际标准接轨，同时，与企业合作开展“1+X”证书试点，将行业技术标准和职业资格标准的要求纳入专业教学考核中，规范对学生技能学习与职业能力的要求。

3. 建立企业主导的课程改革，开发先进教学资源

在各试点专业开展以企业为主导的现代学徒制课程改革，强调以任务为对象，校企共商共管开课计划与教学内容，规范教学过程管理，以实现对学生能力的培养。教学项目的设计真实复现日常岗位研发过程，学生在师傅（教师）的指导下处理项目的全过程，从中学习工程知识、设计/开发解决方案、现代工具应用、个人与团队工作、项目管理与财务等内容。培养学生的职业岗位能力和技能，将必备的专业理论知识、行业标准融入工作任务，分组、分岗位实施教、学、做一体化教学，充分调动和激发学生的学习兴趣，从而提高学生的真实岗位技能。以电子信息工程技术专业为例，教学项目的案例均按照一线的真实研发过程设计。课程体系设计侧重应用实践，80%课时为实践课；采用“适应性”“集中式”“模块化”的教学，提升学生学习中的实践能力，培养学生在工程过程中解决复杂故障问题的能力。

4. 建立科学的教学管理文件及制度

（1）建立校企共同招生及考试管理制度。校企共同完善《现代学徒制自主招生章程》，制定《自主招生考务工作实施方案》《自主招生考务手册》《高职自主招生考试保密工作实施细则》《自主招生考试监考员守则》《自主招生考试面试考官守则》《监考员考务工作流程》《考场守则》《考生守则》《考务工作流程》《命题、抽签及阅卷流程》等管理制度，形成招生招工一体化运行机制。根据企业对专业理论知识、专业技术技能的需求，及时修订《现代学徒制文化考试大纲》《专业理论考试大纲》《专业技能考核大纲》，细化招生命题、考试和录取流程，确保考试录取工作公平、公正、公开。

（2）建立校企人才培养一体化的教学管理文件及制度。校企双方联合成立现代学徒制试点专业教学指导委员会，联合制定试点专业人才培养方案，形成校企联合开展教学。指导委员会制定《现代学徒制校企合作项目管理办法》《学分制实施细则》《学分互换若干规定》《现代学徒制课程考核评价方法》《企业实践考核办法》《现代学徒制试点学生（学徒）赴企业见习管理办法》等相应的教学管理制度，完善多元化的育人机制；同时，形成校企联合开发课程、共建教材、“双证”融通的运行机制。

5. 构建校企联合教学过程的 TPRF 质量保障体系

（1）建立专门组织机构，加强对人才培养的质量监控。学校专业负责人、行业协会的教育专家、合作企业专家组成三方专家委员会，共同制定并审核专业的教学标准，将岗位群所需的职业能力及岗位技能融入其中，形成企业主导的现代学徒制培养方案。育人过程由校企双方导师共同参与，校企双方提供满足人才培养的教学条件。学校教务处、质量监控办等教学质量管理监控机构，分别从教学管理、教学监控和学生管理三个方面开展教学管理、质量监控评价和信息处理反馈工作，以保证课程教学质量。校、行、企三方从学生掌握的知识技能和岗位业绩方面开展评价，齐抓共管，及时有效反馈教学质量，诊断与改进企业主导的现代学徒制在实施过程中的问题，定期检查、反馈，形成“TPRF”［目标（target）、过程（process）、结果（results）、反馈（feedback）］质量监控与保证体系。

（2）建立企业主导的多方参与考核评价机制。创新考核评价和督查制度，建立基于工作岗位的考核评价标准，落实学校和合作企业的主体责任。按照学校学历教育和企业学徒的要求，构建全学程、双向介入的人才培养质量监控和评价体系，评价内容包含课程考核评价、学生能力、教学质量监控等。教学质量监控的措施是否得当，方法是否合理，反馈与评价结果是否准确，不仅能反映专业人才培养方案的实施效果，也能推动和促进专业教师教学业务能力的提升。学校导师承担专业理论课程，部分实践课程由企业导师承担，最终成绩由学校教师和企业导师共同评定，侧重考核学生的实践能力。纯企业实践技能课程，由企业导师承担并评定成绩，评定内容包括学员日常出勤情况、纪律情况、职业操守、团队协作精神、社会公德表现等方面，形成校企导师过程共管、成绩共评的评价体系。学校开发校企合作管理平台，学生每天登录记录工作日志，企业导师和学校导师可以随时查看，企业导师每周要评价学徒一次，作为平时成绩。学校导师根据工作日志，随时同企业导师和学生保持沟通，管理、监控、纠正学生，实现过程共管，及时调整培养中的问题。

(3) 完善现代学徒制诊断与改进机制。学院制定《现代学徒制教学诊断与改进办法》，完善现代学徒制人才考核及学徒评价机制。在现代学徒制试点的实施过程中，通过校企双方深度融合，共同完成任务实施，进一步改革相应的教学内容和合作形式，形成科学合理的教学质量评价标准和学徒考核办法，聚集行业焦点，引领社会对人才评价的变革，实现学校、企业、行业及社会的多元评价机制，推进现代学徒制教学建设及改革深入发展。

第五章　产教融合模式下高校创新创业课程体系构建

第一节　产教融合模式下高校创新创业课程体系构建的必要性

一、产教融合对高职院校就业创业教育课程提出了新的要求

产教融合的基本理念就是推动教学和产业之间的融合。学生能够突破固有的角色定位，既是一名学生，也是一名工作者，在双重身份的定位之下，学生能够依赖产教融合平台提供的多元化资源，推动自身在理论知识、技能实践、潜能等方面的最大化发展，无论是对个人的成长，还是院校的发展都大有裨益。产教融合有助于学生的创业和就业竞争力直线上升。突破传统的课堂教学模式，学生能够近距离地接触企业或产业，将自身学到的理论知识最大限度地消化吸收，并将其运用到实践工作中去。这种理论和实践的结合，使学生可以将知识技能以及实践技能转变为自身的潜能，甚至是实实在在掌握的生存能力。同时，学生在实践的过程中会碰到各种各样的问题，自身的主观能动性以及灵活性可以得到进一步的调动，也能使学生在解决问题的过程中产生满足感，形成创新意识。除此以外，产教融合的背景要求高职院校的就业创业教育课程必须转型。高等职业教育院校必须考虑企业、行业、政府、社会等多领域对人才的需求，进而优化调整职业教育的教学模式、教学内容、考核方式等，致力于培养就业和创业的复合型人才，以符合社会发展、企业发展、行业发展的实际要求。为此，在产教融合的背景之下，高职院校的就业创业教育课程亟待改革，新的背

景自然代表着新的要求，对高职院校的就业创业教育课程而言，需要提出更加严格的课程建设标准。无论是企业还是行业，都对人才的需求进行了多样化、动态化的调整。因此，高职院校提出的就业创业教育课程必然也需要更加符合企业以及社会的需要。在现阶段产教融合背景下，针对高职院校就业创业教育课程提出的更加严格的标准，主要有三个方面。

（一）校企携手合作，共同引导高职院校就业创业教育课程更新

产教融合意味着企业未来将成为高职院校办学过程中不可或缺的主体之一，将和学校联手，打造多元化的办学机制，在携手共赢的状态下教书育人。这是高职院校教育史上的一次重大突破，甚至可以说是里程碑式的一次改革，这也要求高职院校在就业创业教育过程中，必须考虑到企业的需要，且在帮助大学生明确人生目标的同时，增强学生就业创业的意识和信心。除此以外，在相应的课程指导、考核体系中增加和企业相关的教学内容、实践机制、考核评价标准等，促使高职院校就业创业课程教学效果能够再上新台阶，使校企携手合作、共同引导起到至关重要的作用。

（二）高职院校就业创业教育课程中渗透产业创新技术元素

想要在产教融合的背景之下真正推动高职院校培养学生就业创业能力再上新台阶，创新能力至关重要。无论是对企业而言，还是对社会而言，创新都是增强个体竞争力的重要支撑力，而创新能力的主体又是人才。因此，这也要求高职院校未来的教育方向应集中在培养综合创新型人才上，以促进企业、产业和社会结构的内部升级。高职院校借助就业创业教育，将产业创新技术元素融合其中，推动学生提升创新意识和创业能力，继而能够深化创新行为，由此提升人才培养的质量，从而进一步推动创新技术元素在产教融合领域的渗透。

（三）高职院校就业创业教育课程中不可忽视产业发展需求

在产教融合背景下，高职教育的办学理念也有了进一步的优化和调整：必须贯彻落实产教融合机制，推动产业和专业之间的和谐共生，着力培养复合型技术技能人才，推动高职院校学生就业以及创业能力的提升，除此以外，高职院校的办学还要服务于区域经济产业需求，这也要求高职院校

推出的就业创业教育课程应当与地方经济发展、企业、行业需求相吻合，考虑企业或者产业的人才需要，以其为核心帮助学生做好未来职业生涯的规划，确定就业以及创业的基本方向，通过创新意识的培养带动就业以及推动创业活动，真正地将人才优势转化为科技优势、产业优势和实力优势。

二、产教融合背景下高职院校就业创业教育课程转型的必要性

（一）提升高职学生的综合素质

就业问题在民生问题中占据重要的不可忽视的地位，解决就业问题就是解决民生问题。推动高职院校学生走向多元化的就业以及创业道路，关乎民众的基本生活。2019 年初，教育部出台了关于全方位落实素质教育的相关文件，文件中特别强调，除了培养学生的实践技能和专业技能外，在其就业创业能力的构建过程中还需要强化学生的创新意识。作为高等院校中一大主体的高职院校，如何贯彻党中央的精神，全面地落实育人要求，致力于培养具备综合素养以及创新意识的复合型人才，以满足创新型社会以及创新型国家的需要，是当前高职院校必须深入思考的问题。这既是时代赋予的使命，也是高职院校想要进一步发展必然需要迈过的门槛。高职院校就业创业教育课程转型已经到了关键时期。

（二）实现建设创新型国家目标的必备支撑

创新是整个民族和国家进步的巨大推动力，未来我国将着力构建创新型的国家，必然需要科学技术作为强大的源泉保证，而创新型人才则是该项保证的主体。高职院校培养的就业创业人才也必须具备一定的创新能力，这项光荣而艰巨的伟大使命给予了高职院校不小的压力，当然，也是高职院校未来崛起之路上的强大推动力。

（三）推动深化产教融合的必然要求

产教融合的背景要求加快产业化进程，高职院校需要以产业化作为资源平台。就业和创业教育需要考量产业化的发展需要，一旦缺乏了产业化支撑，产教融合将失去其生命和活力。就业创业教育目前亟待改革的原因之一就是教育和产业之间的融合度不够。特别是处于经济发展较为落后地

区的高等职业院校，其本身与企业合作的深度和广度尚且不足，相关课程的设置缺乏科学性，教学方法、考核模式、师资力量等方面也亟待改革，这些就业创业教育领域改革的缺失一定程度上阻碍了产教融合的进一步深化。

三、现阶段高职院校就业创业教育课程体系现状

近年来，国家提出了一系列关于就业创业教育的改革战略，致力于调整优化就业创业教育体系，力求培养出具备就业创业能力的技术技能复合型人才。纵观现阶段高职院校就业创业教育课程体系的现状可知，在很多方面仍然存在着薄弱环节。例如，就业创业实践相关教学内容的贫乏、课程机制的不健全、创新型人才培养目标的不确定性等。这些因素直接影响了就业创业教育的教学效果，不仅不能满足社会需求，甚至未能很好地提升高职院校的育人水平，主要表现在四个方面。

（一）课程体系待更新，实践教育匮乏

高职院校任何一门课程的设置都必须考虑到学生今后的就业或是创业需要及市场的需求。现阶段企业以及社会针对人才招聘有了更加严格的标准和需求，高职院校传统的教学模式、教学方法、教材内容已经较为落后陈旧，不符合当前需要，因而身处产教融合背景之下的高职院校在就业创业人才培养方面必须完善课程体系，改革教学方法，第一时间调整优化教材内容，使其能够更加符合就业创业的教育需求。目前，部分高职院校就业创业教育仍然停留在喊口号阶段，并未充分思考产教融合背景下的实际困难。“工学结合、产教融合、校企合作”等一系列的办学模式在落实过程中的困难，使得学生无法借助这些平台来加强实践，产教融合和就业创业教育无法连接，最终的教学效果堪忧。而高职院校的就业创业教育体系之所以效果不佳，归根结底还是理念的影响。至今仍有一大部分人在其逻辑思维中认可“铁饭碗”的职业设置，家长、教师、高职院校学生更加青睐于公务员、事业单位，认为只要能够考上公务员或事业编制，就相当于拥有了“铁饭碗”，一辈子仕途有保障且衣食无忧、福利稳定。因此，不少学

生在毕业之初就致力于考公务员，而忽略了就业创业等项目。这些落后保守的思想认知对学生的自我定位以及未来的职业发展都产生了极大的阻碍，限制了其发展道路，无法刺激其潜能的发挥，个人的创新意识、格局以及逻辑思维能力也被束缚。

高职院校不同于专业化的中等职业培训学校和本科教育，其育人的根本目标是使学生具备扎实理论知识的同时，又能够有相对较强的实践动手能力。高职院校通过开展一系列的实践教育，能够帮助大学生夯实理论基础，将原理概念等变得更加立体化、直观化，所学和所用之间互相补充、互相促进，总体而言能够达到专业培养的最佳效果。高职院校培养就业创业人才必不可少的一步就在于实践教育。想要加快提升学生的实际动手能力，必须有足够的实践性课程训练加以辅助。然而，现阶段很大一部分高职院校依然采用传统的教学方式来落实实践教育，主要是以讲授性、理论性的渠道来传递知识，实践平台也只是鼓励学生利用毕业之前的时间自行寻找实习单位或者由学校推荐优秀学生去企业实习以及在寒暑假参与社会实践活动。学生很难在这种实践过程中建立自己的就业创业意识，培养发散性的创新思维。高职院校的人才培养模式对实践部分的侧重性不强，较为明显的就是实践教育和理论教育二者在教学时间、考核重点、师资力量等方面存在不均等现象。不可否认的是，实践教学和理论教学平衡与否直接影响了出身高等职业院校的人才的基本水平和能力。现阶段大部分的高职院校给予学生的实践时间最多是半年，而参考国外同类院校可知，他们把理论教学和实践教学放到了同等重要的位置上，无论是教学内容、教学时间，还是考核模式、师资力量等都呈现了均衡分布的状态。产教融合背景下，我国高职院校的实践教学人才培养体系也需要优化调整，不仅要重视理论的传授，也要为实践活动提供成长的空间，共同致力于培养学生的综合能力，使其能够更加有信心、有实力应对接下来的就业和创业挑战。当然，也有部分院校和事业单位、企业单位达成共识，共同兴建了实习基地，为学生提供实践的场所，该方式极大程度上推动了高等职业院校就业创业教育课程的转型，值得大力借鉴和推广。

当前阶段，新媒体态势发展迅猛，有着良好的成长空间，学生获取就业创业知识的途径也较为丰富。不过，纵观高职院校目前关于就业创业相关课程的设置，依然沿用了单一的、陈旧的教学模式，并没有采用更多的新媒体路径来拓展教学内容，借鉴的经典案例甚至也是多年之前的，导致了学生的参与热情不高、理论和实践脱行等问题，使得高等职业院校就业创业课程体系亟须更新完善。

（二）就业创业相关课程缺乏，保障措施不到位

现阶段国内的高等职业院校新建的人才培养课程体系更加倾向于对就业课程的普及，创业教育相对缺乏，主要表现在就业创业教育多数集中于企业家素质教育和创新意识培养两方面。部分职业院校对就业创业的经典案例、团队精神、执行力、管理力、领导力等基本素养做到了知识传输，可这些都相对聚焦在基础理论知识和人格素养方面，缺乏就业创业实战的相关内容，特别是就业创业实际操作技能训练。举例来说，多数高职院校只是开设了就业创业基础教育的相关理论课程，总共需要 36 个学时，在学生的学分考核体系中只占 2 学分，这就体现出了课程体系设置的单一化。究其原因，最大的影响因素就是国内的就业创业教育没有足够多的成功的经典案例和模式可以参考，对就业创业教育课程的认知仍然停留在理论阶段，认知范围较为片面。例如，部分职业院校渴望借助于就业创业之类的比赛来帮助学生提升认知，促进实践能力的养成，然而比赛终究只是竞赛性质，仅仅是阶段性的渲染，仍然缺乏就业创业课程体系的构建。

高职院校开展就业创业教育，根本目标是帮助学生获得足够丰富的就业创业技能，推动其在日后的工作岗位上能够更加顺利地达成职业目标，在激烈的市场竞争中能够立于不败之地。众所周知，学生走上工作岗位之后，在工作实践的过程中会受到多种因素的影响，必然要经过一系列的考验才能收获事业的成功。然而，现阶段高职院校设置的就业创业课程能够提供的资源是有限的，无法保证学生在校期间就能够经受各种考验，积累足够丰富的经验。即便社会、行业、政府、企业等多方协作，一致为高职院校就业创业教育体系提供各种保障措施，可仍然存在一定的缺失之处，使得学生在某些实践项目的执行过程中遭遇阻碍，一定程度上打击了学生就业创业的积极性和参与性。近年来，无论是本科院校还是高职院校，都

在不断地扩大招生人数，这也使得毕业人数连年剧增，就业难、创业更难的问题普遍受到社会各界的重视。因此，地方政府和国家都相继出台了一系列的帮扶性政策，推动高职院校大学生就业创业。这些政策在执行的过程中获得了一定的成效，但和预期目标仍然存在着差距。究其原因，主要是没有为高职院校学生的就业创业提供一系列有效的保证机制，健全的信息化平台尚未建立，学生缺少功能齐全、高效的交流渠道。如今，虽然科学技术以及多媒体技术在全面化的普及中，但是高职院校大学生就业创业教育无法凸显信息化优势，交流渠道、人才招聘平台仍然较为狭隘，外部条件的不健全等导致了就业创业教育的效果提升艰难。

（三）高职院校就业创业教育师资团队不健全，就业创业教育与专业教育连贯性不足

总体而言，高职院校开展就业创业教育的时间较短、师资团队的结构不合理、师资队伍的不充足是不可避免的问题。在产教融合的背景之下，对师资团队也提出了更加严格的要求。教师不仅需要具备帮助学生制订就业创业计划、选择相关项目的能力，还要能辅助学生分析得失，调动其参与热情和积极性。现阶段大部分高等职业院校的教师，无论是教学能力还是综合素质都不能够胜任此项工作，专职教师、兼任教师人员的流动性较大，数量不足，甚至不少高职院校从事此项工作的教师只是辅导员。由于辅导员本身的日常工作较为繁杂，而在就业创业领域，自身的实践经验、理论知识储备都较为欠缺，无法精准地把握国家政策和外部资源的走向，育人水平有待提升，也只能是较为基础性地完成工作，并不能够将关于学生就业创业的指导工作作为整体工作中的重点予以突破，从而在一定程度上不能很好地推动就业创业教育课程有效落地。当然，有部分高职院校从自身的发展出发，外聘企业专家、行业人士指导工作，但是这些企业专家并不熟悉高职院校的育人规律，授课具有随机性，无论是课程的内容还是课程的时长都有待丰富，使得整体的教育成果不如预期。

国家相关部门将高职院校大学生的就业创业教育工作上升到了战略决策的层面上，认为高职院校要将就业创业教育作为首要工作来落实执行。目前，多数地区的高职院校就业创业教育如火如荼地开展着，积极性较佳，

然而质量堪忧，一定程度上展现出了就业创业教育与专业教育连贯性不足的问题。典型表现是就业创业工作只是作为阶段性的教育来予以落实，是一种短期行为，并不能成为长效的教育机制贯彻到高职院校的三年期教育之中。部分职业院校为了应付领导检查，盲目跟风，为了就业而就业，为了创业而创业，片面追求表面效果，而不注重落实过程中的细节，这就导致无法从根本上帮助学生提升就业能力以及创业能力，更无从谈及创新教育，直接影响到了高等职业院校整体的教学水平，对育人模式也可能产生一定的负面影响。

（四）高职院校就业创业教育共享优势不突出，需要和产业脱节

高职院校就业创业教育共享优势不突出，主要表现在两个方面。

第一，由于行业、企业的参与度不高，就业创业教育尚未实现与行业、企业之间的信息资源共享，特别是实践教学资源共享，导致高职院校实践教学以及就业创业实践演练缺乏平台，使就业创业教育未能发挥应有的作用。学校参与行业、企业的实践锻炼与科技服务缺乏激励机制，协同创新氛围尚未形成，高职院校服务产业的能力有待提高。

第二，尚未建立校企合作育人机制，不能对接产业需求，“双导师”制度还不健全，行业、企业专业骨干、创新人才尚未参与到教育过程中，还未形成教育教学的合力。高职院校专职教师人数不足，院校之间的教育教学交流活动不多，学校内部的研讨和教研教改活动也流于形式，无法真正实现教育教学资源的共享，影响了高职院校就业创业教育整体水平的提升。

国内的高职院校在产教融合的背景之下，想要得到良好的就业创业教育效果，必然需要依托行业、企业来办学。不过，高职院校在开展就业创业教育中还存在对接产业需求、结合专业实际不紧密，掌握行业、企业的岗位要求、就业需求信息不准确，对产业发展趋势不了解等问题，这会导致教育教学与行业、企业需求脱节，就业创业教育的针对性不强、从而影响高职院校整体育人水平的提升。

第二节　产教融合模式下高校创新创业课程体系构建的逻辑思路

一、产教融合背景下高职院校就业创业教育课程转型的逻辑思维

在产教融合的背景之下，高职院校现阶段的就业创业教育课程必然需要更新。以产教融合作为基本的外部环境因素，促进产业和高职院校学生之间的对接，让学生在素质教育和实践教育中培养就业创业能力，注重对学生实践技能的培养，以学生的兴趣爱好为出发点，推动其和平台产业之间的融合，精准定位职业发展，不断训练，致力于培养综合性的创新型人才。高职院校在设置就业创业教育体系时，需要充分考虑基本遵循的就业创业教育原则、具体的课程设置内容、未来的职业规范以及整体项目的运行等多个方面。具体而言，产教融合背景下高职院校就业创业教育课程转型的逻辑思维需要遵从以下三点。

（一）高职院校就业创业教育课程需要坚持的教育原则

高职院校就业创业教育课程需要坚持的教育原则贯穿于教育的始终，以其为核心展开一系列的思想教育、实践教育、理论教育，具体又分为五个原则。

1. 系统性与交叉性相结合原则

高职院校就业创业教育课程需要坚持的系统性原则要求系统化、全方位地考量课程的设置，涵盖了两部分内容：第一部分，系统化地设置就业创业教育课程，有一个统一的教育目标，将人文科学科目和自然科学科目二者有机结合，这是由于就业创业教育需要各个学科的共同参与。第二部分，高职院校的就业创业课程体系，需要综合设置创新课程、公共课程和单科课程。每个课程缺一不可，要推动其共同发展。只有各个课程之间达成融合，才能共同为就业创业统一的教育目标而服务。

高职院校就业创业教育课程需要坚持的交叉性原则，是指从改革开放开始，我国的就业创业环境就在不断地完善发展，社会、企业、产业、高职院校等来自各方的资源共同致力于就业创业项目，为了各项资源之间的对接能够更加高效顺利，必然要坚持交叉性原则，加强各个资源的深化合作，共同致力于就业创业教育的发展。与此同时，课程体系的优化应当以技能为核心，以就业为根本，以创业为突破口，以需求为导向，力求课程的设置能够和人才的需求相吻合，使人才具备的专业能力符合社会岗位的需要，培养复合型人才。

2. 理论和实践相结合原则

高职教育注重实践，只有在丰富的实践活动中不断提高个人能力，才能真正成为一名合格的职业技术人才。特别是就业创业能力，实践活动是其就业创业能力的外在表现。当前阶段，我国的高职院校学生就业创业教育体系中的薄弱环节较多，最为明显的就是理论和实践的脱节。因此，在课程体系整改过程中需要坚持的逻辑思维里，必然有理论和实践相结合这一要求。教师应当鼓励学生积极地参与到就业创业的相关实践活动中，在自身的动手操作过程中深化对理论知识的认知，不过多数高职院校资源平台有限，设备不健全，从而影响了学生实践活动的顺利开展。高职院校也要正视这一缺点并加以整改，以便为学生提供丰富的实践机会，帮助其获得合格的实践能力。高职院校在践行实践和理论相结合原则的过程中，需要积极地优化、调整现行的教育体系，有针对性地设置实践课程，无论是教学时长还是教学内容，又或者教材的选定，都需要改进。除此以外，高职院校要有意识地引进就业创业实践活动，帮助学生将课堂上的理论知识更多地应用于实践过程中，课程以递增式的方法来促进学生系统化、全面化地认知自身的个人能力，逐步积累知识。除了让学生走出校园参与实践以外，校园内也可以举办项目孵化器、企业科技园、就业创业大赛等实践活动。当然，学生自身也可以借助于互联网多媒体的渠道，加入企业家论坛、微信群等，借助于这些丰富的信息交流平台，以更加开放的培养模式推动个人的成长进步，加深对就业创业知识的整体把握，推动由理论到实践的变革。高职院校在充分认识到实践活动的重要地位之后，就要克服资金困难、环境困难等不利因素，致力于完善基础设施建设，提高整体教育水平，力求能够为学生提供更多的实践活动。

3. 普适性与针对性相结合原则

当前阶段，高职院校的就业创业教育体系在解决“就业难”的问题上具备普适性。就业创业问题已成为全球性的难题，对社会的政治、经济、文化等领域都产生了不可忽视的影响。高职院校学生一毕业就面临求职问题，能否找到就业创业的有效路径，直接和个人与社会的发展挂钩。我国之所以对高职院校学生的就业创业教育倍加关注，就是为了能够提升就业创业的效率。显而易见，具备普适性的高职院校就业创业教育体系也需要有针对性，也就是因材施教。因材施教指的是在教育过程中，需要充分考虑到学生的个性化特点，有针对性地开展教育。这里的个性化特点包含了学生的兴趣爱好、发展方向、个人技能等方面。高职院校在就业创业教育课程体系的改良过程中，需要针对学生的个性化优势展开具有针对性的关注和辅导，才能充分调动学生的积极性和参与度，使其有兴趣吸收知识且加以应用。总而言之，高职院校在就业创业教育体系转型的过程中，既需要考虑全体同学的能力，又需要考虑个别同学对特殊课程的需求；在面向个人终身发展的同时，也要实现阶段性的自我成长；不能够盲目地否定个性，而是要尊重差异、尊重个性。

4. 大就业创业教育与小就业创业教育相结合原则

就业创业教育工作在一定程度上反映了高职院校对学生综合素质的关注，对系统化的素质教育产生了重要影响。借助于就业创业教育，高职院校能够督促学生深入学习关于就业创业的相关知识，且有勇气、有信心、有能力在就业创业活动中有良好的表现，一般来说，发展高职院校学生的就业和创业教育，不仅是向学生灌输就业和创业知识，更重要的是，有必要提高学生的就业和创业技能与水平，提高其综合素质。无论是就业、创业还是参与特定工作，都能很好地应对并实现全面进步和成长。从这个角度出发，我国高职院校在发展就业创业教育时应着眼于“大就业创业教育”，以培养更多的就业创业人才，以实现我国人才强国的战略目标。

当然，我们不排除“小就业和创业教育”。也就是说，高职院校通过开展就业和创业教育，培训具有就业能力和创业能力的高职学生成为企业家。我们必须相信，并不是每个企业家在出生之初就具有很强的就业能力和创业能力，他们的成就来自一点点的积累和实践。任何一个学生都有可能在将来创建一家企业，另外需要注意的一点是，高职院校就业创业教育的转型需要符合本校的实际情况以及区域内的产业特色，学校可以依托于自有的教学特色以及现有的科研成果来优化课程设置，充分借助于地方优势和人文特色来设计课程，使学生拥有的就业创业能力更加符合地方发展的需要。

5. 开放性与合作性相结合原则

从目前的基本情况来看，高职院校的就业和创业教育已经非常开放。随着时代的不断发展和进步，高职院校的就业和创业教育在整个社会的发展中发挥着日益重要的作用，越来越多的管理组织对其予以高度重视。研究人员阿米泰奇在研究和分析的过程中，把高职院校就业创业教育看作“社区服务站”。高职院校学生就业创业教育不再仅仅是为了培养知识精英，而是为整个社会提供知识源泉和智力支持。因此，高职院校在开展对大学生的就业和创业教育时，必须与社会实现更多的交流与合作，以促进大学生素质的全面提高和进步。如果要实现这一发展目标，就必须改变原有的教育教学模式，使高职院校的就业创业教育更加开放。在教育过程中，有必要与社会开展更多的合作活动，并始终坚持这一发展路线。在开展具体的交流活动时，高职院校可以与一些公司合作，使学生更多地了解企业文化、经营理念、管理方法等。在这种情况下，可以在一定程度上培养、感染学生，也可以为高职院校的就业创业提供一个真实的平台，以锻炼学生的就业创业能力。

（二）高职院校就业创业教育课程需要科学规划教育内参

这里说的教育内容，涵盖了学生需要吸收学习的知识，以及建立在就业创业教育需要之上的教学细则。科学规划教育内容，能够使得教育过程有据可依，具体的细则涵盖了三个方面。

1. 帮助高职院校学生提升就业创业意识

对高职院校的毕业生而言，求职率和任用率一直处于一个较为严苛的比例之中。帮助高职院校学生提升就业创业意识，能够使其明确自身的正确定位，在成为一名就业者之余，也可成为企业的创造者，立足于不同的角度，最大化地发挥个人优势，实现自身的价值。相比于传统的就业方式，创业更加具有挑战性。参考国外针对高职院校学生就业创业教育的相关研究可知，一系列的就业创业教育能够帮助国家拥有更多的高素质高技能人才，正是这些人才为经济的发展提供了源源不断的推动力。帮助高职院校学生提升就业创业意识的驱动力是多种多样的：就个人的层面而言，可以借助于个人的兴趣、优势来创业；除此以外，教师也可以发挥其引导者的作用，帮助学生丰富关于就业创业的基础知识，引发兴趣，使其认识到在创业过程中可以体会到的种种乐趣及获得的益处，推动其主动开展就业创业行为。

2. 就业创业素质的培养

对高职院校的学生而言，拥有良好的就业创业素质，便能够直面挑战，勇于开拓创新，有勇气、有担当、有责任地展开就业创业活动。高职院校在对学生开展就业创业素质培养的过程中，要教会学生摆正心态，充分理解就业创业过程中的艰难，要付出时间和精力，想要不劳而获或是得到一时的成功、巨大的财富，都是一种畸形的就业创业态度。因此，高职院校以及教师在对学生开展就业创业教育的过程中，需要发挥良好的引导和推动作用，不仅要鼓励学生勇于就业创业，也要帮助学生树立正确的价值观提高综合素养、培养良好的道德品质，面对就业创业过程中的困难能够迎难而上，不逃避、不推诿，寻找合适的、科学的方法突破困境，在职场上能够有所建树。除了正确的价值观、良好的道德品质和较高的综合素养以外，学生在就业创业过程中需要的能力涵盖了多个方面。举例来说，人力资源管理能力、企业经营运作能力等基本的技能都是学生开展就业创业活动的根基，而多数高职院校目前对这些能力的培养只是停留在了纸上谈兵阶段，无法从根本上帮助学生获得实践能力。高职院校就业创业教育体系在接下来的改革过程中，要帮助学生形成多种技能，在不断的实践、参与、动手过程中加强认知，夯实基础。

3. 遵守就业创业的相关规范标准

高职院校学生的就业创业活动想要持久且取得良好的效果，必然需要遵守相关的标准规范。因此，高职院校在就业创业教育体系转型的过程中也要讲解相关的规范标准。这些规范标准符合市场经济和社会发展的内在规律，只有在其合理范围之内予以遵守，就业创业活动才能顺利进行。例如，当前阶段的多数自主就业创业活动需要较多的资金支持，刚刚毕业的学生多数无法承担这些资金支出，于是会寻求政府、社会、金融机构、合作方的帮助。基于这些条件的影响，如何经营管理、选择什么样的投资项目、何时能够填补资金亏空等已经无法完全遵从创业者或就业者的个人意愿，而是投资方起到了决定性作用。当然，这也就意味着就业创业者自身的自主能动性需要酌情减少，可这依旧要求就业创业者在未来的职场工作中需要遵守四条规范标准。

第一，创新性原则。首先，当前社会对就业和企业家人才的需求正在增长，与时俱进地更新技术知识的速度也在加快。为了取得更好的发展成果，人们的生活和生产方式不断调整。所有这一切都归功于创新的力量。建设创新型国家是现阶段党和国家的重大战略决策。这是一个国家更快更好发展的核心，也是提高综合国力的关键环节。但是，建设创新型国家需要创新型人才的大力支持，培养创新型人才的关键在于教育。因此，在对高职院校学生开展就业创业教育的过程中，应将创新型人才的培养纳入就业创业教育的全过程，使就业创业教育能够满足国家建设的要求和发展的需求。为了建设创新型社会，实现建设创新型国家的目标，最关键的环节是培养相应的创新型人才，这些人才必须具备较高的综合素质、独特的创新思想和其他条件。从我国社会快速发展的现状来看，我国的就业和创业人才资源不足，人才素质不能满足当前的发展需要，这是当前人力资源市场渴求人才的主要原因。作为国家未来发展的后备军，高职院校的学生是最有潜力的群体，而就业和企业家精神教育则是全面提高其职业素养的重要途径，可以促进学生的个人能力和素养与创新素质相协调，从而使学生的职业素养符合国家建设对人才的要求。学生进入社会后，即使没有从事创业活动，也可能成为其他创新事业的实践者和领导者。对高职院校学生的就业创业教育，可以使其在良好的就业创业文化氛围中成长，培养其就业创业意识和提高就业创业素质，从而更好地开展职业教育。毕业后，就可以将创新的共识积极地融入创新型社会的建设活动中。在高职院校学生就业创业教育中，教师一方面必须激发学生的创新精神，另一方面还必须教导学生尊重他人的知识产权，同时学会保护自己的知识产权。尽管大多数就业、创业知识和技术知识都是公开的，但在公开和保密之间仍然存在紧张关系。有时，为了保护企业利益并尊重创新者的主动性，必须对技术成果保密。每个企业在技术上或多或少都有自己的核心竞争力，这可以确保企业最大限度地受益。我国的知识产权制度可以保证每个公众都有自由享有信息的权利，但也必须避免因信息披露而侵犯商业秘密、技术专利和个人知识产权。信息公开的目的是促进经济更好地发展，政治民主和社会的持续进步，而保密则是为了保护个人利益和公司利益。由此可见，两者虽是相互矛盾的，却都不容忽视。这就要求必须在特定情况下很好地处理两者之间的关系。

第二，公益性原则。不可否认的是，当前社会存在一定的浮躁性，也凸显出部分不良诱惑，给社会的政治、经济、文化发展都埋下了祸根。高职院校的大部分毕业生，在就业创业之前首先考虑的就是利益问题，还会着重考虑个人利益，渴望尽快在就业创业的活动中获得资金回报，这当然不是一个完全错误的立场，却需要在保护公众利益之余再关注个人利益，不能为了个人利益而损害其他人或是社会的共同利益。国家之所以推崇就业创业，不仅是为了个人的发展之路能够更加顺利，还是立足于推动社会发展的角度综合考虑的。当前阶段就业创业能够带来的效果日益丰富，就业者或创业者自身的独立性和自主性有所提升，如果只是单纯地关注个人私利就会使得社会发展陷入怪圈，严重的还可能产生违法乱纪行为，或者是有违道德观念的操作。例如，“分手公司”“私家侦探”等是否应该成立引发了社会各界的激烈讨论。一个有着正确价值观的就业者或创业者，绝对不会将个人的职业规划置于这些领域之中。为了避免学生形成自私自利、以金钱为尊的错误观念，就需要在就业创业课程中给学生灌输正确的思想，纠正错误的行为，帮助其建立正确的价值观，在整个就业创业教育体系中贯彻正确的规范标准，将经典的案例作为正面或者是反面的教材参考；帮助学生认识到忽略公益性规则带来的严重后果，督促其从大局出发，在获得个人经济效益的同时，也能为社会的正向发展助力。高职院校学生的年龄特点和心理状态决定了其是否拥有就业创业的激情和无限的发展潜力。在正确的教育方针引导之下，学生可以形成正确的思维逻辑，在日后的就业创业过程中遵循规则，不被金钱所迷惑，不被违法或有违道德的因素所诱导，拥有较强的社会责任心，在秉持道德规范、遵守法律法规之余使经济利益最大化。

第三，合作性原则。在目前阶段，由于其项目涉及相对广泛的领域，因而其活动无法由一个或几个就业创业者独立完成。这时，一个由投资者、职业经理人、金融机构和技术人员组成的就业创业团体就诞生了。广泛的合作已成为现代社会就业和企业家精神的显著特征。就业创业者的合作方式很多，不仅包括企业家之间的合作，还包括就业创业者与高等职业学院、投资者和科学研究机构及政府之间的合作。

在合作过程中，合作规范可以发挥非常重要的作用。它可以使合作者优势互补，并在解决关键问题上合作，大大提高了工作效率。从长远来看，高职院校、政府与大型企业之间的合作呈现出不断深入的趋势，生产者、学习者和研究者三方的联系更加紧密，技术层面的研究方向也正在逐步走向产业化，团队合作是当今高职院校学生就业和创业的先决条件之一。为了实现就业和创业的成就，仅基于自我中心力量的就业和创业模式已不适合当前的社会发展，这可以从许多知名公司（如 Microsofl、Google 等）的就业和创业历史中得到验证，因此，为了实现更好的成就，有共同就业和创业的伙伴或团队作为其强大的后盾是极为重要的。如今，社会需要的企业家是善于处理人际关系，善于组织、合作且能够协调人际关系的各个方面的，而不是不喜欢与人相处、性格孤僻，热衷单打独斗的孤胆英雄。因此，合作意识和团队意识是当代高职院校学生入职后不可或缺的职业素质之一。就业和创业团队的建设需要由一群高度互补的人组成。如果一个团队中有人筹集资金，有人拥有技术，有人拥有广泛的人际关系网等，这样的团队便更具战斗力。

第四，诚信原则。发展社会主义市场经济必须以诚信作为行为的约束准则，诚信构建起了人与人之间和谐的道德关系，也是一个合格的人需要具备的最基础素质。高职院校学生在其就业创业的过程中，必须要秉持着诚信原则，建立诚信创业、诚信就业的观念，用实际行动来践行诚信标准。就业创业必然存在着经济往来，需要建立人与人之间的合作关系，诚信的作用此时也就越加明显。纵观诸多成功的企业家，当面对一定的经营危机时，往往是诚信给予了其一线生机，使其事业脱离失败的边缘。由此可见，在日积月累的诚信经营过程中，能够获得的益处并不能用简简单单的经济效益来衡量，更多的是人与人之间的信任，是人格、是口碑、是尊重。现阶段，科学技术发展日新月异，在就业创业活动多数和金融机构、政府职能机关之间都有着紧密的联系。此时，诚信的作用备受关注，无论是金融机构的借贷款还是行政部门的财税，都需要考核就业者创业者的信用程度。除此以外，在诚信原则的奠基之下，企业之间展开公正、公平、公开的竞争，也能够形成良好的产业氛围，产业和企业之间互相影响、互相促进，共同获得可观的经济效益。如果罔顾诚信、恶意竞争，必然使得整体产业经营进入一种恶性循环状态。企业自身在生产、经营、销售的过程中，诚信规范也应当是企业文化之一，只有秉承着诚实负责的态度，其生产出的产品、提供的服务才能真正符合社会的要求，赢得良好的口碑，获得最大化的经济效益，实现企业的永续化发展。

（三）设置合理的就业创业项目

高职院校就业创业教育体系转型的最终目的是提升高职院校学生就业创业的成功概率，促进其个人综合能力的提高。美国就业学专家拉斐尔特别强调，专家建议、社会需要、学习需要共同影响了目标的设定。因此，高职院校就业创业教育目标的确立，需要综合性地考量行业专家的建议、社会和企业对就业创业能力的需求。参考 2012 年教育部颁布的普通高职院校针对就业创业工作的基本要求可知，之所以展开就业创业教育，就是为了能够使得学生具备就业创业需要的基本理论知识和实践技能，使其在就业创业的实践过程中能够抓住机会。作为社会活动中的重要组成部分，就业创业能够满足社会的需求，推动政治、经济、文化领域的发展进步，同时能够凸显就业者或者创业者的个人价值。当今社会需要的就业创业领域涵盖了方方面面。举例来说，在物质生产过程中，针对生产工艺、材料、技术、产品等项目的研发和利用，就需要就业者或是创业者填补研究空白，而激烈的市场竞争也需要就业者或是创业者在技术、智慧等多方面表现得更加优秀。由此可见，由于社会需求的变动，高职院校学生在就业创业过程中需要通过不断地投入多样化的资源来产生价值和经济效益，这也就要求高职院校学生的就业创业规划必须符合社会的需求，贴近了社会需要，社会层面给予高职院校学生就业创业的辅助也就会进一步提升，二者之间自然呈现出一种良性互助的关系。如今，国家为给高职院校的就业创业教育提供明确方向，出台了一系列的条例和相关政策予以指导，总体来说，其基本理念就是大力支持自主就业和创业行为，鼓励就业者或创业者多多展示自己的优秀成果。在此教育方针的指导之下，高职院校学生积极开展了一系列的就业创业活动，国家在设置就业创业项目的过程中，也存在一定的机动性协调，抑制或暂缓不符合当代社会发展规律和发展趋势的项目，大力扶持更加符合社会需求，能够推动社会进步的项目，促进其快速成长，具体的扶持方式有资金补贴、政策支持。与此同时，国家在设定就业创业项目的过程中，也额外关注恶性竞争和行业的畸形发展问题，为了避免其对社会产生危害而采取了一系列的措施。基于此，高职院校在把握就业创业项目的过程中，要参考国家重大发展战略的走向，考虑社会资源配置，选择良性的、能够促进行业和社会发展的项目，以此鼓励高职院校学生收获更多的经济效益，推动社会的和谐稳步发展。

二、产教融合背景下高职院校就业创业教育课程转型的影响要素

（一）师资力量

高职院校从事就业创业教育的教师必须肩负起四种责任：第一，作为教学活动的主体，教师将关于就业创业教育的相关实践经验和基础理论知识教授给学生，发挥好指导者和传授者的作用，帮助学生培养就业创业的

基本素质和技能。第二，主要承担教学活动，围绕教学目标和教学任务设置教学环节，选择相应的教学方法和教学手段，来推动教学的顺利开展。第三，控制课堂活动的秩序。借助优秀的管理方法帮助学生在有序的环境中愉快地学习，确保教学活动质量。第四，根据学生的实际情况和潜能发挥，优化组合各项教育要素，最终使得教学活动能够符合社会和行业的需要，这也就要求从事就业创业教育的教师，其自身的经验水平、综合素质过关，在就业创业教育上能够付出较多的时间和精力。当然，在普通教师自身的教学经验可能不足的情况下，高职院校也可以外聘专家用其实际就业创业案例进一步地向学生传授知识。

（二）国家政策及制度影响

想要确保高职院校的就业创业教育体系能够顺利转型，一系列的制度要素必不可少，如高职院校的管理制度、国家政策机制和法律法规制度等。对企业而言，更需要考虑国家颁布的经济政策的影响，尤其是身处于产教融合的时代背景之经济政策的调整直接影响到教育行业，其他领域也不例外。国家颁布的针对高职院校就业创业教育体系的一系列政策或建议，都将直接影响到其优化路径。2015 年国家颁布了关于高等院校开展就业创业教育的相关改革建议，并沿用至今。各省市政府充分考虑到了区域内的经济环境、产业文化等影响因素，出台了一系列的帮扶政策，以推动高职院校自主就业创业的发展。基于此，高职院校学生能够享受到诸多的优惠待遇。例如，在报批相关单位之后，高职院校学生可以在三年的时限之内免于缴纳行政事业登记费；成为私营业主或从事个体经营的高职院校学生，能够优先享受注册登记的快速通道；有意向开展自主创业的高职院校毕业生，政府可以给予一定的福利补贴和最多 5 万元的小额贷款。除此以外，在档案保管服务和公共服务领域，政府也致力于为就业创业的高职院校学生提供诸多的便利；而在高职院校自身的管理制度领域，确定了学分制的就业创业教育机制，将自主学习和课堂学习相结合，将课堂学习和网络教学相结合，推行选修制、主修制等一系列的学习机制。除此以外，高职院校设置有专业的、独立化的就业创业部门，负责落实体系内的工作，传递最新的就业创业信息、优惠政策、学术论坛会议成果等，力求推动就业创业教育的成效能够更加显著。

(三) 高职院校就业创业团队

当前阶段的创业行为大多以小团队的形式出现，主要是由于个人的能力、精力、时间有限，而团队合作往往能够取得事半功倍的成果。因此，多数高职院校都借鉴了该模式，推出了就业创业团队，团队能否成功取决于成员之间的沟通效率、信任程度和各自的优势范围等因素，这也就要求团队成员在发挥个人的主观能动性的同时，要有大局观。具体而言，需要满足三个要求：第一，成员的组成以自愿为基准，能够合理地、正确地看待就业创业实践活动，直面挑战，并有勇气、有担当地解决问题，促进自身就业创业知识和实践技能的丰富。第二，团队具有一致的目标感，无论每个人有着何种的优势，都必须有着统一的努力方向，吃苦耐劳，共同为同一个目标而努力。第三，高职院校的就业创业团队必须配备指导教师。指导教师的主要工作责任就是为学生在就业创业实践过程中提供正确的指导，整体性地把握项目进度和过程，推动成员之间的有效沟通，在其面对困难时能够有针对性地解决意见。

(四) 管理组织

高职院校的就业创业教育体系是一个庞大的机制，涉及方方面面，因而必须有一个合格的管理组织来统筹运营。每个学校可以从自身的管理体制和实际需要出发，设立相应的管理组织，这并非全国统一，完全可以有各自的特色。通常而言，大部分高职院校的就业创业教育体系管理机构的组成人员是校区党政领导、教学部门负责人、后勤部门负责人等，他们共同致力于管理就业创业教育工作。同时，在其组织结构之下设置一定的下属机构，以分管院校或分管系别为依托，充分考虑到各个专业的差别，有针对性地开展教育活动，推行差异化的实践探索或理论研究。关于实践活动的部分，通常以教务处、院团委、校团委为中心，组织策划相应的实践过程，由专业的就业创业教师以及外聘的专家组成评价团队，指导和考核学生的理论课程和实践活动。

(五) 课程内容

未来我国高等职业院校转型成功后，就业创业教育体系课程内容中需要体现就业创业的相关教育思想、理念和具体的教育路径，且以课程内容作为关键点来确定最终的人才培养计划。目前阶段，课程内容分为三大模块：一是就业创业基础知识。该部分是整个就业创业教育体系的基础，主要集中于讲解基本理念。二是就业创业实践活动，主要是集中讲解如何就业创业，通过模拟以及实践来获得就业创业的基本能力和实践经验。三是就业创业综合能力培养。以前两个部分为根基，推动高职院校学生拥有就一项创业的综合能力。由此可见，就业创业综合能力的培养串联起了基础知识和实践活动。为了能够推动学生尽快地培养就业创业能力，我国大部分的高职院校推行了就业创业比赛、社会实践、团体实践、案例解析等一系列的活动，而且普遍形成了统一的意见，以课堂为基础来普及运营知识、企业管理知识、基础型的就业创业知识等。举例来说，教学内容中包括的领导能力、销售能力、表达能力、市场分析能力都是就业者和创业者必须具备的特质。通过实践教育，就业技能和就业理念二者能够有效结合，突破传统教学课堂的禁桐，在开放性的实践环境中模拟就业创业活动，这符合产教融合背景的要求。

（六）教学环节

教学环节是达成教学目标的必要渠道。现阶段，国内高职院校开展就业创业教学有四个具体环节：

1. 课堂教学

教师借助于课堂教学的渠道传播知识，使得学生能够进一步掌握就业创业的基础知识和技能，同时在一定程度上把握整体的就业创业环境、要素、思维。大部分关于就业创业的理论认知，都是通过课堂教学的方式传输出去的。

2. 案例分析

对高职院校的学生来说，纯粹的理论教学总是无味的，无法充分吸引学生的注意力，也无法提升学生的参与度。因此，借助于案例分析的方式，能够生动形象地表达教学内容，帮助学生更快地理解理论知识，而且师生之间能够有一定的互动。目前，大多数教师倾向于选择实际发生过的就业创业案例，能够有据可查的同时也有着较强的说服力和可对比性。

3. 集体讨论

参与集体讨论的对象可以是学生、教师、就业创业的成功者、相关领域专家等，他们基于经典案例开展集体讨论，能够在热烈的氛围之中推动学生深化理解就业创业活动，在体会酸甜苦辣的同时，也能够对整体的就业创业流程有更深一步的认知，且深刻地了解政府能够提供的多项优惠政策和扶持渠道，增强其就业创业的信心及热情。

4. 模拟就业创业活动

实践型的就业创业活动，能够检验学生的理论学习效果，通过多元化的活动渠道，帮助高职院校学生培养就业创业能力。特别需要注意的是，模拟就业创业活动应当针对就业创业的全程开展，而不是只针对其中的某一个环节。模拟过程涵盖了商机选择、计划制订、成员选择、融资活动、管理活动、具体操作、市场分析、财务分析等内容。模拟就业创业活动属于较高版本的就业创业教育，需要各个方面的支持辅助。现阶段，高职院校举行的模拟就业创业活动往往依赖于实习基地或项目孵化器开展，场地和资金支持都存在一定的薄弱之处，但是该环节的实施确实能够在极大程度上推动学生实践能力的培养，使其在实践过程中能够积累一定的经验。

第三节　产教融合模式下高校创新创业课程体系构建的路径

与普通高等院校相比，高职院校更加致力于培养具备较强的综合素质和较完备技能的实践人才。在产教融合的背景之下，创新是企业发展的动力，自然也就要求实践型人才具备一定的创新能力。高职院校就业创业教育课程转型要从办学实际出发，在充分参考区域内产业链的基础上，新建教育链、人才链，以就业创业能力为培养中心，帮助学生树立正确的就业创业观念，形成较强的就业创业实践能力，成为社会需要、企业需要的人才。产教融合背景下，高职院校就业创业教育课程转型的路径分为八个具体的方面。

一、人才培养体系中纳入就业创业教育，构建完善的推动机制

产教融合背景下高职院校就业创业教育课程转型之路，首先就要在人才培养体系中纳入就业创业教育，将就业创业教育贯穿于人才培养始终，且以此为导向开展一系列的教学活动。人才培养体系和就业创业教育之间的融合表现在三个方面：第一，人才培养目标的契合。高职院校致力于培养技能型人才，就业创业教育致力于培养具备就业创业能力的人才，二者合二为一，共同推动人才技能的完备以及综合素质的提升。第二，专业教育和就业创业教育二者的融合。在具体的人才培养环节，专业教育不能够脱离就业创业教育，而就业创业教育也不可以和专业教育相背离，只有一体化的教育体系才能推动人才教育目的的实现。第三，产教融合模式。人才培养体系建立必须要基于产教融合的背景，借助于工学结合、校企合作等多元化的渠道，实现理论和实践环节之间的对接，在具体的操作过程中，学生可以深入理解社会、企业对人员岗位、技术、能力的不同要求，企业、行业也能共同致力于培养学生的就业创业能力和创新意识。总体而言，借助于上述三个方面的深度融合，推动就业创业教育能够精细化落实、全方位开展。除此以外，为了能够切实地推动产教融合背景下高职院校就业创业教育课程的转型，必须新建一系列完善的推动机制。第一，从院校层面出发，充分地认识到就业创业教育工作和课程转型的重要地位，规范好顶层设计，以此推动相关转型之路的践行。第二，确保物力、人力、财力到位，借助于一系列的规章制度，后续的教育课程转型之路能够有所依据，做到专款专用，建立健全实践设备和环境，构建一系列的有利条件为就业创业教育转型提供客观保证。第三，从行业、企业出发，新建一系列的激励机制。产教融合的背景，要求企业、行业更多地参与到高职院校就业创业教育过程中来，因而要推出一系列的激励措施，鼓励企业和行业提升参与度，共同致力于人才的培养。另外，高职院校、企业、行业也要建立有针对性的评价机制，正确地衡量就业创业教学的效果和质量，不断查漏补缺，促使转型之路更加顺畅。

二、构建就业创业教育资源平台，加速课程开发

高职院校构建就业创业教育资源平台的根本目的是推进资源的全方位流动并加速共享。因此，高职院校可以从三方面出发，汇聚资源优势：第一，创建就业创业基地，在各种校企合作和人才孵化基地的支撑之下为就业创业提供空间，在企业和学校的共同帮助中推动校企合作基地和人才孵化中心真正成长为企业实体，使得就业创业教育能够达到实体规模。从不同专业、不同企业和产业的各自要求出发，提供差异化的就业指导和创业教育。第二，以名师工作室作为载体传授技能，推行师徒制，传承技艺，提升学生的实践能力，推动产学研一条龙平台的建成。第三，构建数字化资源库。各大院校之间形成就业创业联盟，借助于网络课程、线下交流分享等形式，营造资源共享氛围，加速就业创业教育课程的转型。高职院校的课程开发最基础的功能就是传授相关的理论知识，形成一体化的知识框架。除此以外，高职院校的课程开发也要考虑行业需求、企业需要和社会需要，在推动学生就业创业能力提升的同时，培养其创新思维和创新意识，因而可以设置一些类型的课程。

（一）开发普适性课程，加强自然学科、人文学科以及艺术素养的培养

想要成为一名合格的就业者或创业者，综合素质至关重要。高职院校现阶段的课程设置以学生未来的职业发展作为参考标准，形成了专业化、独立化的课程，任何一个专业都在其各自的领域里深耕，推动了知识往更深层次发展，当然这也导致了专业领域与自然学科、人文学科之间的冲突，学生能够掌握的关于自然学科和人文学科的知识相对碎片化，因而开发普适性课程至关重要。它可以打破专业性学科与自然学科、人文学科之间的鸿沟，促进二者的相互融合沟通。具备人文内涵的就业者和从业者更容易得到灵魂的升华以及综合素养的提升，在日后的就业和创业过程中表现也更加成熟。

除此以外，普适性课程中也需要涵盖艺术类的内容。高职院校的艺术

类课程不仅是简单的舞蹈、绘画、歌唱等技能训练，或是让学生欣赏几场文艺演出、歌剧、话剧那么简单，而是真正地学会传递美、评价美、塑造美、欣赏美。通过艺术和美，学生能够追求美的享受，提升艺术境界，将其作为一种思维方式，以此影响自身的工作及生活。而且，艺术不能够只是作为传递美的载体，而应该成为体系化的文化素养。当代复合型人才除了要具备扎实的专业知识以外，还必须具有一定的人文艺术素养，美术、音乐这些艺术渠道能够极大程度地推动人文情感的培育和感性思维的开拓。众所周知，高等学府对人才的培养无非是为了让学生可以在整体的综合素质能力和专业技术能力上有一个较为系统的学习和培训。在这一背景下，高职院校学生能否熟悉、掌握并运用其在学校学习到的课程知识，影响着其在职业发展过程中的表现。因此，当高职院校在考虑设置就业创业教育体系课程时，同样需要参考上述的一些理念，一方面要将能够提升高职院校学生创业普遍意识和水平的课程设置为常规课程，另一方面课程内容应该将人文学科、自然学科的指导内容与就业创业专业内容的教育结合起来。只有通过合理的教学设计，才能让课堂上的教学真正成为一种培养高职院校学生就业创业能力的高效方式。

（二）开发实践性和体验性课程，全面强化学生对创业就业活动的认知

须知，只有通过实践，才能从真正意义上发挥理论知识的价值，同时有利于高职院校学生了解社会和未来的工作环境，更深入、更具体地认识自己所处的职业环境。有研究表明：学生在企业实习的时间与学生对自身所处岗位的信息掌控程度是成正比的，这意味着实习得越久，越清楚工作的意义、职责、内容和自身与职业要求间存在的差距。虽然现在网络信息技术十分发达，许多人在进入一个行业时通常都已经提前了解这一行业，这种对职业信息的深入把控无疑十分有利于学生在行业中的发展，让其工作和学习有了更加明确清晰的目标，可这些对职业信息的了解仍然是流于表面的。美国的两位学者詹姆斯·H. 吉尔摩（James H. Gilmore）和约瑟夫·派恩二世（B. Joseph Pine Ⅱ）都认为：体验这一过程就是指人们用一种在本质的、较为个人化和主观化的方式来度过一段时间，并在过程当中获取到许多可记

忆的信息、事件和感受。为了将记忆更加具体化、可视化，他们还通过不同方式对信息获取的效率、内容作了一个排序，得出个体通过阅读、倾听获得的信息最终分别剩下10%、15%的信息没有被遗忘，而在体验过后的一系列信息却有80%保留在了大脑当中，这让人们明确地意识到实践过程在学习当中的重要性和高效性。在以往的教学模式中，教师作为一个主要的角色不断通过各种方式推动学生学习，单方面在课堂上输出知识。这种“填鸭式教学”很显然无法和由学生通过亲自学习、思考，结合自身实际情况得出最有利、最有效的工作经验这一方式相比。由此可见，具有高度体验性的实践课程无疑是较为科学、具有较大优势的。高职院校可以通过设立一系列具有实践性、挑战性的就业创业实践课程，并在当中融入乐观积极的教学理念，让学生们在学习过程当中不断汲取行业的能量，激发自身信心和工作激情，使学生能够充分感受到生活、工作、学习乃至人生的一系列美好及意义，激发学生的实践热情。

（三）开发个性化课程，满足学生的特殊需要

在产教融合背景下，高职院校就业创业教育体系的转型必然要开发个性化课程以满足学生的特殊需要，这是由于个体之间必然存在一定的需求差异，从学生差异化的兴趣爱好和不同的就业创业能力出发，设置个性化、有针对性的授课内容、授课方式以及评价模式，更有利于推动学生提升就业创业能力。个性化的课程项目能够激发学生的学习热情，挖掘其个人潜力，能够满足不同企业、行业的需要。

（四）开发探索性、研究性课程，注重培养学生的创新能力

学者怀特海认为，高职院校存在的意义在于在生命的热情及知识这二者之间架起了一座桥梁，成为老一代学者与新一代学者在学术上相互磨合、碰撞、创新、促进和发挥想象力的一大平台。学术科研对想象力有着很高的要求，一位学者需要有想象力，才能去拓展那些人类仍旧未探索的领域，发现更多的问题，但想象力不是凭空出现的，而是在一系列已知知识下的天马行空。而高职院校无疑可以很好地容纳人们的天马行空，且结合经验，努力使其转化成可被证明的事实。许多高职院校设立的探索性和研究性课

程就是通过这种方式，巧妙地将原有的经验、创造力和想象力结合起来的。在这一类型的课程当中，学生可以很好地根据自身学到的理论知识和教师的教学经验，配合两者共同的想象力和创造力，通过一系列的研究、探索以及思考讨论，最终发现或者创造出新的知识，并更正或补充旧的知识。这一过程对学生而言无疑是极其宝贵的，更正以往知识能够让他们意识到不能迷信权威和已有的研究，而是要打破原有知识的束缚，借用辩证性思维和批判性思维去分析事物，同时对提升自身的创新能力、科研能力以及树立自信心都有很大的帮助，这对其日后的就业创业而言同样是十分有利的。

三、构建相关服务机制，加大政策扶持

高职院校要充分重视就业创业教育工作，并将指导工作落实到底，为就业创业教育构建一个信息化、系统化的交流平台，以此促进问题的解决。除此以外，高职院校也要从自身的口碑和优势出发，全面性地整合教育资源及社会资源，聘请知名的专家学者来开展关于就业创业的座谈会。高职院校应当鼓励学生自发性地构建关于就业创业的相关社团，同时做好出谋划策的指导工作，避免学生在就业创业的过程中出现问题。高职院校要牵头和区域内的勤工俭学部门、政府机构、知名企业开展进一步的合作交流，最大限度地为学生提供一些就业机会或创业岗位，以此帮助学生积极地展开就业创业活动，建立相关的逻辑思维，为日后走上社会奠定良好的实践基础。

除了高职院校自身的努力之外，政府作为就业创业活动的力推者，应成为连接高职院校和企业、社会之间的桥梁，因而要加大政策的扶持力度，尽力地为就业创业活动扫清障碍，提供帮助。政府可以在一些职能机构，如工商局、税务局等，为高职院校从事就业创业的学生开设 VIP 通道，或是联合当地的大型企业定时开展一系列的人才招聘会，为更多的学生提供就业和创业的机会。单纯的政策扶持力度较小，高职院校也要着力分析区域内的人才缺口，定向服务，为其培养一系列有岗位针对性的实践型综合人才，以此带动区域内的整体经济发展。

四、加快转型进程，实现教学模式创新

如今，高职院校正在积极落实人才培养转型工作，而培育就业创业人才和建立健全就业创业教育体系无疑是其中至关重要的组成部分。众所周知，学生的学习态度和学习效果在很大程度上受到学校的重视程度和教学内容的影响，只有用心、真诚地把就业创业教育作为一个单独的课程，科学化组织教学内容，才能真正让学生在较短时间内有效地提高自身就业创业水平。与此同时，还应该结合就业创业教育本身不同于其他传统课程这一特点，积极针对课程的形式、内容等多方面，加大改革和创新力度。在重视理论教学的同时，还应当积极搭配实践课程教学，帮助高职院校的学生进一步加深对行业的体验和了解，在激发其学习热情的同时，培养树立良好的自主就业创业意识的习惯也很重要。不仅如此，在激励政策上，还要加大力度开展制度规范化改革，如提高就业创业课程的学分等，以此引导越来越多的学生加入就业创业能力培养的大潮中，营造出良好的就业创业能力培养氛围，让学生在不同于以往的学习体验中更加积极地参与其中，且在这一过程中挖掘自身能力，找到属于自己的就业创业定位。高职院校要充分借助自身优势，利用行业资源、企业资源和社会资源，加速就业创业教育课程的转型，借助于工学结合、顶岗实习等一系列模式，为学生提供有利的实践环境，培养其就业创业思维和能力。

随着产教融合的不断深化，高职院校在就业创业教育这一主题上不断创新，结合专业本身和企业与学生的个人需求开展综合培养，以学校导师经验及理论课程为基础，个性化地制订出有利于学生职业发展的道路规划。首先，可以通过课内外教学内容高度有机融合的方式，效仿传统课程的形式，在课外通过“技能特长”“社会实践”“就业创业”三大板块分别开展教学鉴定。“技能特长”板块主要涉及学生曾经获得的相关技能认定，参加的各级各类技能培训的经历，以及获得的相关荣誉等；“社会实践”板块主要涉及学生曾经参与的寒暑假社会就业实习、实践活动、岗位见习及其他实践活动的经历，还有参加国际交流访学的经历等；“就业创业”板块主要

涉及学生曾经参与的就业创业竞赛、各级别学术科研活动等经历，以及获得的相关荣誉，还涉及学生出版专著、发表论文、取得专利、就业创业实践等情况。通过学分制的形式，计分考核上述的三个板块，以此设立出一个较为规范、具体、系统、可量化的管理评价体系，让教师及学生对课程和自身能力的培养进程有更为准确的把握。另外，可以借助互联网技术使线上培养与线下培养相结合。如拓宽教育资源及教育方式，制作电子档资料，用慕课录制教学视频等。要注重理论教育及实践教育的相互配合，通过深入、科学、严谨的研究，结合专业和学校、师资团队的实际情况合理划分和安排理论课时和实践课时。只有通过合理的规划，才能让就业创业教育在真正意义上以理论与实践相互融合的形式得以深化，给予学习体验的新鲜感，确保理论教学与实践教学衔接得当，科学地发挥出更为有效的教学作用，提高教学质量。

此外，还应该根据学生个体的差异化，因材施教开展立体化的管理和教学，确保就业创业教学模式的多重构建。由前文可知，就业创业教育系统设立需要涉及的方面和考虑的因素十分庞杂，其实在教学过程中对学生而言，这一课程在具有吸引力的同时，也同样具有不小的特殊性和挑战性。因此，教育系统要强化对教学质量的把控，必须针对不同学生差异化的具体情况开展深入特定的培育。了解学生在培育过程中有可能遇到的困难和学习这一课程真正的需求点，在培养学生自主就业创业思维的同时，尊重并配合学生自主选择学习内容和学习方向的权利。学生经济情况可能会导致其在做一些高花销课程选择时会受到一定的局限。因此，为了普及推广就业创业教育课程，可以放宽价格和收费门槛，给学生提供更为轻松简单的学习环境和学习条件。高职院校可以自行和企业达成协定，协商教育的授课形式和主要内容，教授最为基础的就业及创业理念、能力和知识，给学生营造一个良好的学习氛围，让学生可以自觉转变理念及意识心态，为自身实践课程以及职业发展做好充足的心理建设。因此，学校应与企业保持良好的沟通和合作关系，确保企业能够在实践平台资源等方面提供保障，促使学生在就业创业领域的实践经验和理论知识都有较为明显的提高。与此同时，从企业及社会的发展需要出发，加强就业创业教育的时效性、综合性和针对性。另外，高职院校在开展就业创业教育过程中要留意部分创业意愿强烈且符合创业要求的年轻人，对其开展更为深入系统的培养和教育，帮助其促成创业项目的规划、落地和运营。如果条件允许，可以与某些企业达成合作，在不违背学生意愿及创业想法的情况下开展创业项目，由学生选择和决策；抑或是可以给这一部分同学在创业时分配就业创业导师进行长期一对一的协助，帮助其有效且及时地开展一系列就业创业实践活动，在发现问题时，由导师给予专业性的指导，提供一些科学可行的就业创业建议，促进学生更快地提升自身能力。

借助于互联网资源的优势，坚持走“普惠+定制”相结合的道路，着力推进高职院校就业创业教育课程的转型。各种网络资源和信息渠道都可以成为新型就业创业课程的组成部分。举例来说，院校可以采取慕课、公开课、云课程直播等多样化的形式来升级课程内容库，且采用积攒学分制度或是在线课堂的学习模式，将整体就业创业课程体系分为实践模块、专题研讨等不同的部分，有针对性地向学生传递就业创业的相关知识，借助于互联网资源的优势，打破了空间和时间的限制，学生即便是利用碎片化的时间也可以充分地学习。而坚持走“普惠+定制”相结合的道路，就可以在普适性的基础上满足学生的个性化需要，从不同的专业、企业、产业需求出发，多用途、多层次、多类别地构建高职院校就业创业教育课程新体系。

为确保就业创业教育系统内各部分协同共进，给予就业创业教育指导的导师同样应该设立就业创业教育教学科研室在教学过程中及时交流经验、解决问题，以确保教育内容质量及效果达标。还可以针对教育评定考核收集一系列相关资料和数据，从而确保高职院校就业创业教育课程的顺利开展，营造良好的教育教学氛围，提高就业创业教育团队协作能力。此外，要更进一步利用师资团队，发挥其更为强大的效能，鼓励将就业创业师资团队以自身研究方向和获得的专利或科研成果作为创业项目，为学生就业创业的项目选择提供更多的机会。为了提高科研项目或专利成果对学生的吸引力，高职院校可以加大资金方面的投入，以此使科研或者专利成果发挥出切实的效益，转化为具有商业价值的创业项目，打造学校产业或者院校品牌，而获取的利益则由学校、教师以及学生自行协商分配。这样，一方面可以提升教师科研工作的积极性，提高科研及专利成果转化效率，另一方面可以让学生切实参与到就业创业过程中。除此以外，院校的口碑名誉也可以由此树立，三方还能共同获利，无疑是互惠共赢的一大教育实践方法。但是，这一理念目前在我国还没有拥有较为成熟、系统的实践，欧美发达国家的高职院校早在20世纪初就建立了技术转移机构，形成了一套系统的能够将科研成果以及发明创造专利产出的完整体系，其中包括哈佛大学、麻省理工学院、加州大学伯克利分校、斯坦福大学、威斯康大学、芝加哥大学等高校。它们积极地把自身的研究成果转化为一系列有利于人类社会、可以满足社会需求的就业创业创新项目，并在制造、销售成品的同时，培养学生的就业创业能力，进一步经营和改良研究成果，并从中获得收入。

五、完善师资团队，推行多元化的评价机制

高职院校就业创业教育体系的转型，必然需要完善的师资团队以给予教育支持。只有实践经验以及教学经验丰富的优秀师资队伍才能保证就业创业教育能够取得良好的效果。具体而言，可以从两个方面入手完善师资团队：第一，打造三方结合的就业创业教育网络。实现这一环节需要学校将现有的校内资源和社会资源充分结合起来。首先，学校可利用的资源有一批优秀教师和研究团队，这是“教师网络”。其次，学校可以与社会多方达成合作，引进相关人才来参与到学校的教育中，形成“同行网络”。最后，还可以邀请相关企业家、专家来学校开设知识讲座，形成“教练网络”。由此就打造出三层次的教育团体，从多角度对学生开展就业创业的教育，尽可能满足学生能力培养各方面的教学需求。第二，通过建立考核系统，打造和培养出合格的就业创业师资力量队伍。不仅要让教师加入就业创业的教育当中，也要为教师的发展提供平台。首先，在教学质量上，为了更好地实现理论和实践之间的连接，要统筹安排好校内教师和兼职教师的课程内容和开课时间，实现二者有机结合。另外，要加强对教师的教学技能和专业水平的培训考核。其次，从教师的发展层面来看，学校要支持就业创业指导教师转让科技成果，满足教师的职业发展升级需要。

产教融合自然需要学校和其他社会资源的充分融合，因而不管是在教学阶段，还是在评价学生学后成果的阶段，都应当充分发挥各个主体的作用。首先，学校、社会、政府、行业，还有企业各方，要站在就业创业项目所处的外部环境角度，参考项目和市场既有的规定，评价就业创业项目的经营成效、学生在其中的表现等，建立起一个全方位的评价体系。从而借助这些评价标准量化学生在就业创业活动中的综合水平，有针对性地提高学生在相关方面的素养。其次，项目导师、项目成员和同类型项目之间，也要从就业创业项目内部的角度出发建立评价体系，通过自评和互评的方式，让项目参与人员对自身和项目都能有更深刻的体会和认知。尤其是将学校内的项目与外部企业项目相比较，总结出学生参与的就业创业项目的优缺点，让学生深入了解项目的前景和自己应当扮演的角色，从而找准改进的方向。

六、理念、课程设置和培养方式的转型

就业创业课程是高职院校课程中的新内容，只有职业院校领导、教师、学生和社会各界达成共识、通力合作，才能保证就业创业课程顺利开展。详细分析，要从两个方面入手提升对就业创业教育的重视程度。

第一，从学校领导层的角度来看，要积极响应教育部的规定，提高对就业创业教育的重视，学校作为学生接受就业创业知识的第一场所，学校领导的重视程度直接影响教学的质量。

第二，就业创业理论课之所以要优化改良，是因为它极高的实践性能够很好地对学生开展素质教育。同时，在教学的过程中，还能有效提高学生的创造力和实际操作能力，为国家培养出更为优质的人才。

除此之外，就业创业课程的开展促进了学校和企业的联系与合作，从而能够培养出更适应职场环境的优质人才，为国家和社会创造更大的经济价值。因此，就业创业课程对学生的教育十分重要，要引起高职院校领导层的充分重视，将就业创业的教育切实落到实处。纵观其他国家，美国就业创业教育的发展非常成熟，这是因为院校领导充分认识到了就业创业教育的重要性，且在实际的教育过程中高度关注。例如，以任斯里尔理工大

学校长雪莉·安·杰克逊为代表的美国高校领导，均提出了很多优秀理论。

因此，我国高职院校的就业创业教育也应如此，必须先从高职院校的管理者抓起，要让其从根本上认识到就业创业教育的必要性，从而自发地开展大量的教育活动，并吸收足够的教育资源。教学活动的开展可以从五点入手。

第一，高职院校要着手打造校园内的就业创业教育环境。例如，引进相关的教育设施；激发学生和教师的就业创业欲望，一旦有人参与到就业创业的工作中，高职院校就需要在人、财、物方面给予足够的支持；建立资金扶持机构，提供多方面的社会资源，如联谊会、基金会等机构；规范展开就业创业教育活动，就业创业教育活动有着很强的开放性和灵活性，需要更加严谨的约束制度。

第二，对高职院校教师的重视程度取决于对就业创业教学活动的重视程度。我国教育界的重要代表人物潘懋对此就有着非常独到的见解，他在深入了解我国高校的就业创业教育现状之后，发现我国在此领域的教育过程中，没有注意到对创新精神和就业技能的教育，要解决这个问题，就得改进当下的教学内容和方法。教师在解决这个问题中扮演了重要角色。首先，教师自身就需要重视相关教育；其次，教师要对自己的教学有信心，致力于打造实实在在的教育课堂。除此之外，课堂除了理论知识的教育，也要让学生认识到掌握实践知识的重要性。虽然就业创业课程是新兴课程，相关体系建设尚不成熟，可教师不能抱着“怕、等、瞧”的态度，应当主动改进教学方式，从而不断完善我国就业创业教育体系。

第三，从高职院校学生的角度来看，要在思想上具备接受就业创业教育的积极性，并主动参与，虽然现阶段高职院校就业创业教育的体系、制度尚不完善，可学生掌握相关知识的时间不能等，学生要认识到学习就业创业知识的最终受益者是自己，应该具有充分的自觉意识。尽管我国高职院校开展就业创业课程的时间较短且未成熟，可仍然给学生提供了广泛的资源，这并不会阻碍学生的学习进步。而且，开展这一课程的目的，并不是把所有人都培养成就业创业的天才，而是让学生对社会、市场以及个人的未来能有充分的认知，从而提高学生个人的综合素质。因此，高职院校的学生应当自觉主动地充分认识到就业创业学习对自己的好处，充分考虑个人的发展，而不是刻板地按照教师或学校的要求应付，同时制订从个人角度出发的学习目标，积极利用学校提供的各种教学资料和实践机会充实自己。这对高职院校学生未来的职业发展具有重大意义。

第四，从家庭的角度出发，父母应对子女在就业创业的学习上给予大力支持。家庭环境是对孩子教育影响最为深刻的因素，父母的言行举止会对孩子的三观形成产生不可忽视的作用。也正如教育界所言，父母是孩子的第一任老师，孩子往往会在今后的生活中参照父母的言行。从就业创业教育来看，如果子女在就业创业上有什么想法，父母表示出了支持的态度，学生对就业创业就更有信心，学习热情随之高涨，且能够集中注意力投入其中；如果父母并不关心甚至反对孩子积极规划就业创业学习，学生就会产生厌倦消极的态度，学习的积极性就会降低，在后续的就业创业学习活动中，往往不能达到预期的教学效果，各方面素养难以真正得到提高。因此，正确的做法是，如果家庭条件适宜，家长对就业创业有一定的经验，就可以在孩子就业创业路上给予物质和精神上的支持；如果家庭情况不佳，家长就要注重对孩子的精神培养，让其个人的能力素养得到多方面的提高，能够更好地应对并解决就业创业过程中出现的问题。

第五，从社会的角度来看，社会对就业创业教育也发挥着重要作用，应当为学生营造良好的就业创业教育环境。就目前我国高职院校就业创业教育发展的进程来看，就业创业教育起步时间不长，还没有在社会上形成广泛的意识，社会的积极推进作用没有发挥完全。因此，为了保证高职院校就业创业教育的顺利开展，要集结社会的力量。首先，要解决就业创业教育在社会领域的传播力不足的问题。如今是信息化时代，可以利用媒体、网络等信息传播手段，让社会产生重视就业创业教育的意识，从而赢得社会的支持。其次，加大社会对就业创业教育的资金支持，需要通过多种渠道吸引银行资金大户与学校达成合作，支持学生的就业创业行为，从而促进就业创业项目顺利开展。再次，建立社会就业创业服务机构，学校不能永远参与到学生的就业创业活动中，学生终有一天要步入社会，所以建立社会性相关服务以及咨询机构十分有必要，但我国目前在这一领域中仍然存在缺口。最后，就业创业相关课程的开设也尤为关键，要遵循教育部对就业创业教育的培养目标定位在建立合适的教育体系和教学方式上的要求。

（一）就业创业意识课程设置及培养方式

高职院校就业创业课程的开设要以实际案例为依托，收集成功创业的典型案例，再引出理论知识的讲解，共同学到课本当中，以案例为主展开教学，进而培养学生的就业创业思维。除了教给学生合理的创业方法以外，还应当注重对学生的就业创业精神培养，开展理商和情商培养课程。除此之外，创新精神的培养也十分关键，要鼓励学生积极参加创意活动，帮助学生形成就业创业动力。最后，还开设管理学课程。学生在具备了创业的条件后，想要能够维持企业的长久运营，管理能力是必不可少的。必须学会如何与团队达成良好的合作共事关系。

（二）就业创业战略课程设置及培养方式

具备了就业创业理论知识和就业创业精神之后，也要有战略眼光，所以要开设就业创业战略课程。利用相关的教学模型，战略分析企业在市场上的竞争状况，让学生体会到企业在竞争中面临的挑战，了解存在的多元化竞争力量，学习到战略竞争的特点。再结合相关讲座，让学生用更加长远的目光开展就业创业活动。

（三）就业创业知识课程设置及培养方式

此类课程旨在培养学生作为管理者所应具备的能力。开设的经济相关课程内容包括供求关系、生产成本理论和市场均衡等；传授的法律相关知识内容包括国际商法、合同法和公司法。除了理论知识以外，还要结合终端为工、差异化营销、游击营销和4P营销等理论，运用经典案例让学生对管理知识有更加深刻的体会。提取组织行为学、人力资源管理的精华内容，让学生掌握企业人员的管理方法。同时，教会学生利用现有资源创造经济价值。举例来说，在高职院校学生一、二年级开设必修课“就业创业基础课”“就业创业管理学”。“就业创业基础课”课程主要让学生了解什么是就业创业、如何真正实现就业创业、如何规避风险合理投资、如何做好就业创业前的准备工作，以及如何开展企业的战略管理、怎样培养和提高正确分析和解决市场管理问题的实践能力等，培养学生的创新思维。“就业创业管理学”课程的主要目的是让学生认识到如何建立就业创业构想、评价就业创业项目的市场潜力和效益、筹措就业创业资金、解决经营管理问题等。大三阶段为高职院校学生就业创业教育中的实践时期，主要是培养学生就业创业素养和综合能力，以大一、大二时学习的理论知识为指导，尝试就业创业实践，从而获取亲身经验。

（四）就业创业实践课程及培养办法

这一专题课程的开设是为了提高学生自主创业的能力，重点让学生体会并了解创业的基本过程。例如，制订商业计划书的方法、流程，达到能够独立完成的效果；还可以把一些经典的成功案例引入课程当中，再结合理论知识分析，找到适合学生创业的相似模式，然后利用所学知识完成策划书，通过理论和实践等多种方式检验策划书各方面的合理性，争取能够成功完成小型的创业活动。

七、实现理论课程的优化升级

与一般本科院校相比，高职院校的人才培养更加注重实用性，因此，开设就业创业课程的根本目的就是使学生在日后的就业创业过程中能够少走弯路，因而理论普及至关重要，既要及时地开展理论课的知识传递，也要注重实践课的教授，就业创业实践的主流渠道就是相关的活动，借助举办活动的形式，在虚拟的真实情境中让学生亲自参与就业创业的流程，将自身学到的理论知识应用于实际执行过程中，培养其就业创业的意识和能力。高职院校就业创业课程教育体系的转型是实现就业创业活动的前提，因而其课程内容也要借此机会优化升级。基础课程涵盖七种类型。

（一）“就业创业教育概论”

此科目是高职院校就业创业教育课程中的基础课之一，其根本目的就是帮助学生深入理解就业创业教育的内涵，且在此基础之上提高学生的参与度，激发就业创业热情，使其领悟全新的时代背景之下就业创业的相关基础知识。

（二）“就业创业基础课”

此科目也是高职院校就业创业教育课程中的基础课之一，其根本目的就是帮助学生全方位地认知为什么要就业创业、如何就业创业、想要实现良好的就业创业需要做什么样的前期准备。

（三）“高职院校学生就业创业导论”

该部分主要集中分析在当前产教融合的背景之下，高职院校学生就业创业的环境和实际的行业、企业需要。从现实意义的角度出发，帮助学生理解自身需要具备何种基本素质和就业创业技能。

（四）“就业创业心理学”

不可否认的是，任何人在就业创业的过程中都会碰到各种各样的困难，是否具备良好的心理素质直接影响到问题的解决以及个人的日后发展。创业是一项高风险的事情，高职院校的学生由于自身的实践经验不足，社会经验欠缺，很容易遭遇失败。因此，这门学科就是帮助学生构建良好的心理状态，养成抗压能力，能够未雨绸缪，提前应对在就业创业过程中可能出现的各种风险和难题。

（五）“就业创业法律基础”

就业创业的相关行为必须符合法律规范。此门课程的开设目的就是能够让学生充分地了解法律禁区和法律规则，作为一门综合学科的法律类课程，此科目既能够教会学生在就业创业的过程中，必须遵守国家相关法律的规定，又能教会学生如何借助法律的渠道来维护自己的合法权益。

（六）“就业创业管理学”

在学生就业创业的过程中，必然要求具有一定的管理能力，通过学习这门课程，学生能够更加熟知就业创业的相关管理活动和面临的创业风险，且对其能够有一个合理的评价权衡，从而帮助学生掌握日后管理操作运营中相关的要点，提升自身管理水平。

（七）“市场营销学”

无论是就业还是创业，都离不开市场这个大环境，而且永远涉及买与卖之间的关系。因此，这门课程就是帮助学生提升自身的市场营销水平，在日后的就业创业过程中能够获得最大化的经济效益。

八、教学方法的优化调整

在产教融合背景下，高职院校就业创业教育课程在转型的过程中，教学方法的优化调整是重点。不同于传统的文化课教学，本身就业创业教育的特殊性就决定了其采用的教学模式一定要有针对性，而且更加开放灵活，不能固守传统。因此，在教学的过程中，教师要有意识地培养学生的就业创业意识、信念、责任感、必备的技能、综合素养和实践能力等，在交流互动、沟通实践的过程中，让教学充满愉悦和激情。同时，因为需要充分考虑到要激发学生的创造能力，所以要改变原有的知识学习路径，督促学生学会从被动地累积知识到主动地挖掘知识，要把学生看作教学过程中的主人翁，根据每个学生的特性因材施教。教师要善于用发现的眼光来挖掘每位学生身上的闪光点，以此作为切入点，调动其学习积极性和参与性，使学生对就业和创业能够一直保持充足的热情。为了使就业创业的教学课堂更加灵活、开放、深入，可以借助讲授经典案例的方式来传递相关的教学理念，还可以借助专家学者的相关文献、科研成果，帮助学生提升创新意识。只有真正脱离保守的教学模式，才能提升就业创业教育的整体教学质量，高职院校展开就业创业教育的目的也有望达成。

当前阶段，高职院校学生就业创业教学课程体系的转型可以采用三种成效甚佳的教学方法。

（一）问题法

问题法是一种常见的教学方法，它以问题为核心来引领全部的教学环节。能够起到较好的教学效果。在高职院校就业创业课程体系转型的过程中，问题法在教学课堂上的应用应当更加注重学生之间的合作、互动和沟通交流，以此锻炼其观察力，为培养就业创业能力奠定良好的基础。特别需要注意的是，教师应用问题法之前需要做好备课工作，设置合理的情境，让学生身处于模拟情境之中，积极地思考问题、主动地分析问题，继而通过自己的逻辑思维得出结论。在这一过程中，学生能够形成一系列的思维模式，对其日后在就业创业过程中分析问题、解决问题有着良好的启发作用。除此以外，教师也要从差异化的角度和层面带领学生看问题，借助于多样化的方法解决问题，开拓学生的思维，不保守不激进，力求能够尽自己所能为问题找到更多的解决路径。在应用问题法的教学过程之中，学生和教师之间形成了较多的互动和交流，教师引导学生思考，把握整体的教学进度，而学生可以分享自己的想法和体会，有利于在和谐互助的过程中提升个人能力。

（二）案例剖析法

任何一门课程的理论知识相对而言都是较为严谨、理性、抽象化的，学生在学习的过程中很难感受到充足的动力，而且如果理论知识过于枯燥，还会在一定程度上打击学生的积极性，导致其学习效率降低，最终导致吸收知识的质量不高。因此，应用案例剖析法能够借助于具象化的经典案例，帮助学生提升逻辑思维能力和面对问题的处理能力。教师在传授知识的过程中，可以将理论渗透到实际案例中，案例的选择既可以是成功的，也可以是失败的，通过正反两种案例的对比帮助学生吸取经验或教训，使其能够对就业创业行为有着更加全面深入的认知。当然，这也对教师的教学能力提出了更严格的要求，教师必须在课余时间投入足够的精力、时间以整理收集案例材料，详细地剖析，选择合适的部分应用于课程教学环节之中。特别是就业创业课程的案例选择，在条件允许的情况下，最好能够得到企业的支持，以企业自身的材料、事件作为案例的素材，真实性就能够大幅度增加。同时，学生热情讨论出的建议能够为企业提供一定的参考，学生之间积极的讨论也能够构建良好的课堂氛围，调动学生的学习热情。

（三）讨论法

部分高职院校在就业创业的教育课堂上采用的仍是完全以教师为中心的教学方法，应用讨论法可以突破这一模式的桎梏。以学生为中心开展集体讨论，每个学生都可以参与到讨论的过程中，畅所欲言地表达自己的所思所想，大幅度提升参与度和积极性。同时，通过分析每名学生的想法和见解，可了解每个人都有独特的视角和方法，个人解决问题的能力也有所差异。讨论法搭建起了学生和教师之间沟通的桥梁，在思想碰撞的过程之中，学生可以体悟到教师的领导力和思想认知，而教师也可以充分地分析学生的知识掌握情况，把握课堂进度。该教学方式能够在营造一个愉悦和谐的学习环境的同时，帮助学生从不同的角度看待问题，从而提升自身的合作能力、竞争能力。

第六章　产教融合模式下高校创新创业实践体系构建

第一节　产教融合模式下高校创新创业实践体系构建的必要性

在当今时代背景下，职业类院校要立足于自身的专业，积极地和产业、企业对接，使教学和产业密切融合，在协同合作、共同促进的作用下，致力于人才的培养，形成企业和学校一体化的办学模式。这也就要求高职院校就业创业教育构建实践体系，以此践行产教融合背景下的教育转型。具体而言，实践体系建设有三个必要性。

一、实践教学体系能够帮助学生吸收知识，达到事半功倍的效果，提升学习的积极性

不可否认的是，高职院校就业创业教育的知识体系中存在着部分理论性较强、晦涩难懂的知识，特别是在市场营销类型的课程中，部分学生依旧沿用了死记硬背的方式，导致最终的学习效果不佳。但是，实践教学体系能够帮助学生摆脱枯燥的理论学习，调动其积极性，促进理论知识的吸收，达到事半功倍的效果，而且可以营造富有乐趣的实践氛围，帮助学生真正理解并掌握理论，形成理论和实践之间的有效连接。

二、实践教学体系推动学生创新意识的培养、创新能力的提升

学生在具体的实践活动中，能够扩散思维，和小伙伴一起探讨策略、

规划方案，将自身储备的理论知识应用于实践环节，最大化地利用创新能力来获得较好的实践结果，因而实践教学体系推动了学生创新意识的培养、创新能力的提升，高职院校的学生在实践的环境氛围中，可以在就业创业教师的引导之下真实地接触经营案例、就业创业氛围、生产渠道、客户开发、危机公关、成本控制、财务梳理和市场营销等各个环节，对就业创业过程中的事件都能有着清晰的记忆，为其日后走向工作岗位奠定有利的基础，也能够借助不断的实践活动，综合性地提升个人能力，更加满足未来就业创业的岗位需要。

三、社会、高职院校、学生个人发展的必然要求

首先，社会必然要求高职院校开展就业创业教育实践体系的建设工作。近年来，我国不断地践行高考扩招政策，毕业生数目年年增加，高职院校的学生的就业形势不容乐观，就业压力持续增大。当本科生、研究生的就业渠道都在变窄，就业趋势更加严峻时，高职院校学生承担的就业压力不容小觑。为了能够在一定程度上缓解就业压力，仅仅依靠国家政策的疏导是远远不够的，高职院校要从自身出发，开展一系列的就业创业实践教育，帮助学生改变传统的就业创业观念，在实践过程中提升个人能力，推动其自主创业，鼓励其紧抓机遇，实现职场的更多可能性。从学生的角度出发，个人的成功可以帮助社会减轻就业压力，将知识转化为社会价值，使得我国的经济水平能够持续增长。其次，产教融合背景下就业创业教育实践体系的建设是高职院校实现发展的必经之路。近年来，我国教育事业的蓬勃发展，高等院校的精英教育正向大众教育转型，特别是高职院校入学门槛连年降低，毕业生人数不断增加，这种供大于求的现象使得人才招聘市场的准入标准越来越高，高职院校必须要着力帮助毕业生改变就业难的问题。就业创业教育实践体系的的建立能够切实地帮助学生提升在就业创业过程中的竞争实力，熟知就业创业流程。只有毕业生的就业创业态势越来越好，高职院校的发展才能够蒸蒸日上。最后，产教融合背景下就业创业教育实践体系的建设是学生个人实现发展的优质路径。如今，多数青少年的家庭环境较为优越，而且多为独生子女，吃苦耐劳的品质稍差。但是，在日后

的就业创业过程中，他们必然需要面对各种各样的困难和挑战。因此，就业创业教育实践体系的建设能够推动学生养成吃苦耐劳的品质，促进个人能力以及综合素养的稳步提升，无论日后是在企业就业还是自主创业，都能够满足岗位要求。同时，社会的经济政治文化氛围推动国内高职院校学生日益青睐自主创业，就业创业观念有所改变，渴望寻求新的渠道来实现个人价值。因此，产教融合背景下就业创业教育实践体系的建设是实现个体发展的优质路径。

第二节 产教融合模式下高校创新创业实践体系构建存在的问题

产教融合背景下高职院校就业创业教育实践体系的建设，究其根本就是一种实践活动。它强调更加灵活多样化的授课方式，能够和产业、企业、教学基地相结合，在情景模拟、就业创业模拟的环境中让学生开展就业创业活动。现阶段，在我国的高职院校就业创业教育实践体系的建设过程中，普遍存在着一些亟待整改的薄弱环节，主要有五个方面。

一、教学模式僵化，课程设置不合理

产教融合背景下高职院校就业创业教育实践体系的建设，存在教学模式僵化的问题。实践课程的教育者自身的思维较为保守，缺乏创新精神，往往沿用固有的教学计划和模式，无法借助即时性的案例给予学生实践启示。同时，学生在实践过程之中，不能够及时得到教学老师的指点，一旦出现错误，很容易继续，重复错误。

总体而言，目前高职院校就业创业教育设置的实践类课程仍然较少，部分院校仅注重表面工程，深度开展能将理论与实践完美融合的课程的能力尚且不足。部分实践教具、设备数量有限，而学生的总量则是持续增多的。由于受到设备、场地等因素的限制，实践教学的开展仍是遥遥无期。当实践类课程和理论课程出现冲突时，部分高职院校往往更加倾向于理论课程的开设。除此以外，实践类课程也很容易忽略学生的专业特长，不能

够采用循序渐进的方法帮助学生培养相关的就业创业实践能力。综上可知，实践类课程的设置亟待优化，这也是当前阶段产教融合背景下高职院校就业创业教育实践体系建设面临的问题之一。

二、教学老师团队实践经验欠缺，实践教学资源不够充足

高职院校中从事就业创业实践教育的导师，多数兼具科研和课堂教学的能力，基本功理论知识非常扎实。但由于其很少切实地经历过创业活动，缺乏充足的创业经验，自身的创业能力有待提升，实践经验不足，因而很容易在实践活动指导过程中出现纸上谈兵的问题。部分高职院校仍未能充分认识到就业创业教育实践体系建设的重要地位，因而对实践教学的关注程度不高，实践教学老师的地位无法得到提升，而且受到薪资、学历、用人制度等多方面的限制，高职院校很难吸引具备丰富实践经验的企业内部高级人才加盟师资团队。当然，也有部分企业中的高级管理人员和技术人员兼职高职院校的实践教学工作，由于其本职工作时间紧张，无法将全部的精力和时间投入到实践教学过程中，最终的教学效果和预期有所差距。总体而言，师资团队的力量呈现薄弱态势。

高职院校就业创业能力培养需要经历从理论到实践，再到理论，再到实践的多次循环上升，反复锤炼。但是，我国多数高职院校目前仅仅是引入了一些实践课程，开展了一些零星的创业活动，实践瓶颈还没有被打通，教学实践设备的不完善，无法及时地更新换代，也使高职院校的就业创业教育实践体系建成之路多有阻碍。

三、尚未健全和企业、行业之间的实践合作体系和政府保障制度

在校企合作的关系中，企业主动合作的意愿普遍不强，这是由企业本身的性质决定的，他们追求的是利益的最大化，而社会责任感等则被放在次要位置。当然，部分企业由于自身的规模、实力等无法和院校构建合作关系，而院校也有可能因为自身的条件限制、实力不足而无法吸引企业的

关注，部分院校和企业之间的合作关系只能仰赖于情感上的维系。目前，尚未健全的企业、行业和院校之间的实践合作体系，导致了企业的参与度不高，合作模式较为单一。大部分院校在校企合作的关系中呈现出的模式就是由教学老师讲解实践流程，企业的相关管理人员提供类似的职业培训、就业岗位，学生实现阶段性的实践。由此可见，学生并不能全程参与到业务一线中来。无论是国家还是地方政府，都颁布了一系列的福利政策来推动产教融合，推动院校和企业之间合作关系的深化，共同培养人才，然而税收、工商、资金补贴、政策扶持等方面尚未健全，均较少出现实际性的激励措施，加之院校自身制度的缺陷、资金的不足，导致实践合作体系健全之路充满困难。

四、总体设计不足，合力之势微弱

部分高职院校的就业创业教育实践工作总体设计不足，特别是缺乏顶层设计，各个部门出于自身的利益层面考虑，往往是“各人自扫门前雪”，只能从自身的角度开展实践工作。举例来说，就业部门会从就业的层面，号召社会、院校、企业、行业加大对就业创业实践教育的关注，而教学部门则为了推动各项实践比赛的进程组织实践活动等。总而言之，总体设计的不足导致了各个部门之间合力之势较为微弱，整体的就业创业教育实践体系呈现了碎片式、零散化的状态，无法形成统一化的系统机制。除此以外，由于各个部门的权责不同、绩效不同，在工作中可能会出现某些工作内容的重叠或空缺，导致最终的实践教育体系合力之势较为分散，无法达到预期的期望值。

五、产教融合背景下高职院校就业创业教育实践体系建设缺乏兼容性，无法和专业有效对接

目前，一些高职院校开设的就业与创业教育实践课程相对封闭，在选修课表中显示为一门或多门课程，很少出现与专业或第二课堂相融合的其他人才培养方案，这种课程设计形式直接导致两个问题：一是实践教育与

理论教育脱节，各部门之间缺乏实践教育的连贯性和互补性；二是实践教育常常缺乏深度和宽度。就业创业教育缺乏评价机制的制衡，会导致实践体系缺乏系统管理，从而使就业创业活动成为课外体验活动。此外，由于系统封闭，导致某些指导教师、就业和创业学生以及就业和创业项目的匹配是盲目的。就业和创业指导老师经常会在没有学生的情况下开展项目，而有就业和创业精神的学生却找不到项目，甚至出现有很高创业意愿的学生因为没有遇到匹配的项目而无法施展自己的才能。

实践教育无法和专业有效对接。就业创业实践教育不仅是课堂理论教学的现实反映，而且应与专业相结合，充分发挥自身的生命力。一些高职院校的就业创业教育不能满足这一要求。目前高职院校的就业和创业教育具有很高的可复制性，而缺乏行业和专业技术支持影响了就业和创业项目的生命力。专业领域之外的就业和创业教育就像没有源头的水和没有根的树。就业创业的结果往往表现出技术含量低、可复制性强、同质性高的特点，在崇尚高科技的工业观念下很难生存和发展。面对这样的问题，2015年5月，国务院办公厅曾印发《关于深化高等学校创新创业教育改革的实施意见》，强调“专业融合”和“就业创业融入人才培养体系”，倡导依托自身专业优势，实现嵌入专业、融入职业的就业创业教育。就业创业实践教育应当借着改革的春风，引入社会力量、行业力量、企业力量的支持，优化自身的实践教育体系，焕发产教融合的特色与活力。

第三节　产教融合模式下高校创新创业实践体系构建的思路

一、建立实践平台，促进资源共享

产教融合背景下高职院校就业创业教育实践体系建设主体思路之一是建立实践平台，促进资源共享。高职院校学生的就业创业能力和素质的养成依赖于具体的实践行为。因此，必须充分考虑到高职院校长久以来“重理论轻操作”等一系列在就业创业教育中存在的不足，因而在就业创业教育实践体系建设过程中，需要建立足够的实践平台，以保证能够有充足的实践活动使得学生将理论和实际操作相互融合，在具体的操作流程中养成相应的就业创业思维，得到能力素养领域的全面提升。具体而言，可以从两个环节出发。

（一）高职院校举办一系列就业创业活动，设置相关专业机构

产教融合背景下高职院校就业创业教育实践体系的建设，必然不能缺少一系列就业创业活动。就业创业实践应打破以往简单的就业创业竞赛等活动方式，而尽可能多地运用实际操作或情景模拟，使学生能亲身感受到就业创业氛围，通过多元化的实践，让尽可能多的学生参与其中。具体来说，如开设人才论坛、就业创业座谈会、学术讲座等，可以突破文科理科等学科限制，帮助全部学生增强其就业创业实力。当然，在充分考虑各个学生的不同特长以及不同专业的基础之上，高职院校可以开展有针对性的实战活动。举例来说，针对设计类、美术专业的学生可以举办创业就业报刊交流座谈会；针对策划专业的学生可以举办策划专业方面的比赛等。借助于一系列有意义的多元化实践活动，帮助学生领会就业创业精神，而且能够和其他优秀的伙伴交流沟通。在多样化的实践活动中，学生能够建立和市场、企业、营销等就业创业中重难点环节的联系，发生密切的接触，不断积累经验，开拓思维，为之后的就业创业奠定基础。

对高职院校生的就业创业教育形式可以是多种多样的，不应该仅停留在课堂这种传统保守的教育渠道，还应当体现在一些多元化的锻炼渠道。在传统保守型的教育中，主要是让学生在脑子里产生相关的概念，而多元化的渠道，就包括所有课堂外的学习过程，如开展创业讲座、举办创业活动、参加创业比赛、实际创业孵化等。这两种教学形式的有机结合，能够很好地提高学生的就业创业积极性，让学生对就业创业有更加深刻的认识；同时，形成比较完整的教学体系，从而达到就业创业教育的目的。高职院校的资源比较丰富，可以开展的就业创业教育活动有很多，以此增长学生的见识，让学生在实践中对就业创业有更深层次的体会。除此之外，高职院校还应当为学生的就业创业过程提供大力支持，如建设孵化园和就业创业实践基地等，以提升学生在相关领域的专业素养和实践能力。

建立就业创业科技园是提高高职院校学生就业创业能力的关键方法之一。住就业创业科技园中大学生可以在运用理论知识的过程中将其转化为自己的能量，通过实践来提高自己在理论知识以外的各方面的能力。因此，高职院校要充分重视就业创业科技园的建设，结合社会各方的力量，寻求多方的支持投资，从而建立起针对学生就业创业教育的第二课堂，拓宽学生的受教育形式和范围，从而形成一个更加完整的教育体系。不过，就业创业科技园的建立并非一件容易的事，需要学校引入多种资源，建议可以通过两种方法来实现：第一，建立产学合作教育模式。这就要求学生和企业紧密联系，达成合作，共同建立相关的工作站，再通过工作站联系学校与企业。工作站首先面向企业收集就业创业的相关课题，学校再根据不同的课题分配不同的学生，在工作站共同完成相关就业创业活动，一起解决课题，这样就建立起了很好的实践场所。第二，成立股份制办学模式。这样做的目的是为学生的就业创业提供更多的资源。高职院校可以集结更多的社会企业，共同建立创业园，而企业又会引入自己公司的员工、资金等，为学生的就业创业提供更好的学习环境，发挥高职院校就业创业科技园的教育功能，达到事半功倍的教育效果。目前，国内许多高职院校都建立了自己的就业创业科技园、就业创业教育培训中心等，为学生的就业创业提供支持，以鼓励高职院校学生创办自己的企业。在各种条件不断改善的前提下，高职院校学生的就业创业更有可能由幻想变为现实。在当今的社会和经济形势下，高等职业院校学生比过去面临着更多的就业和创业机会。在一段时间内，高职院校学生的就业状况良好。同时，高职院校学生创业的动机也在一定程度上发生了变化，认为创业是摆脱工作的束缚、发挥更大的个人价值、达到理想彼岸的途径。

除此以外，高职院校建立大学生就业创业机构，主要是提供服务与指引，对高职院校学生的就业创业项目进行孵化与优化。在校园内，高职院校大学生就业创业孵化园可以为那些拥有具备前景和潜力的项目的学生带来有效指导和资金援助，并邀请校外专家入校指导。通过校内的辅导，让入驻高职院校大学生就业创业孵化园的项目获得经济效益。校外的就业和创业实践场所是学生进入社会、参与竞争、组建公司和开展以市场为导向的运作的就业创业实践或实习场所。在建立校外就业和创业场所时，一方面，必须采用校企合作的方法，聘请专业人士担任顾问，为学生提供专业讲座和学术报告，指导学生有效地实现就业创业计划，增强学生对行业能力的理解和掌握；另一方面，有必要严格选择与学校合作的机构，以确保能够让学生实施就业和创业计划，并指导学生走上就业和创业的道路。利用校外的实践场所，不仅可以使学生掌握当前的社会生产技术、生产工艺和管理步骤，还可以培养其团队合作的能力、勤奋工作的精神和社会适应能力。这也是提高高职院校学生就业、创业实力、研发水平和竞争能力的最关键途径，可以为国家培养更多创新复合型人才。就业创业教育中的实践活动不仅应加强教学计划中的具体实践联系，如研发实验，还应加强计划之外的实践部分，如专业技能竞赛。就业创业实践不应只面向学校，还必须面向并服务于社会。除了指导学生的就业和创业方向外，通过开展一些丰富的实践活动，还可以获得一套适合我国当前情况和中国特色的“就业和创业”综合体系。在就业创业教育中，实践活动可以使学生加深对知识的理解，激发其对就业创业的热情，并将学到的知识转化为操作技能。就业创业实践还可以使学生具有就业和创业的情感和想法，促使其创建健康而全面的个性化任务，增强其社会责任感，使其成为社会、企业和行业要求的合格员工或企业家。

（二）高职院校需要建立健全实践平台

高职院校毕业的学生在走向就业创业岗位之后，很容易因为不熟悉就业创业的操作流程、了解市场不够全面等各种各样的因素而面临着就业创业的失败。因此，在其真正步入社会、开展就业创业活动之前，高职院校需要建立健全实践基地，为学生提供足够多的实践机会，允许失败，在失败中积累经验。身处于产教融合的背景之下，高职院校需要着力构建“产、学、研”一条龙式的就业创业实践基地。作为培育高素质、高水平人才的实践基地平台，它不仅是连接理论与实践的桥梁，还是连接学校、学生与社会的重要纽带，能够将实践教育、科技研发、行业发展紧密地联系在一起。学生只有在自身实践中才能深刻领悟所学理论，也才能检验高等职业院校就业创业教育的效果。为此，高职院校大学生要扎实参与学校组织的就业创业实践教育活动。举例来说，现阶段部分有规模、有经济资本的高职院校，为了能够更加方便学生的实践活动，在校区之内打造了科技园区，为学生提供了更多的就业岗位和就业平台，允许其开展就业创业的相关实践，该方式取得了较好的成效，值得在全国范围内推广使用。据前文所述，依据就业创业实践场地的所占地域的区别，可以把就业创业实践场地分成校内、校外两个基地。借助于高职院校学生、学校以及各个学院之间的相互合作，成立创新创业教育实体，专门开展大学生就业创业工作，设立独立办公室，建立大学生就业创业园、创新创业工作站，通过这些方式落实学校内部的实践基地建设。就业创业工作室是学生根据自身专业和就业创业意向，自愿、主动成立的场地，它可以模拟公司的运作模式，使高职院校大学生能像企业家一样感受就业创业的全部发展过程，提升其在实际运作中处理各种问题的能力。各个高职院校应当根据自身的实力建立不同规模的产业园区、科技园区，以此帮助学生得到就业创业相关方面的实践培训。在一个熟悉的环境之内，有相关导师的辅导，学生更容易有勇气、有信心地践行自身的想法，高职院校就是学生模拟就业创业活动的坚强后盾，要不断地鼓励、指导其实践行为，且兼容并包，允许出现失败，着力营造轻松的就业创业的外在氛围。就业创业教育实践平台的建立，可以细化为四个部分。

1. 社团与团队平台

当前的高职院校中，社团种类日益丰富，各种各样的工作室、小团队俯拾即是，可以将其作为产教融合以及校企合作的平台之一，推行学分制以促进就业创业教育的调整优化，选择一部分试点专业作为先行者，在社团与团队平台中展开实践活动，取得一定成效之后再大范围地推广。

2. 实践教学平台

实践教学平台是在就业创业实践教学体系完善过程中占比较大的一部分，以校企合作以及产教融合作为根基，推动学校、专业、企业、行业之间的信息共享，成立人才资源库，建立学生和社会、企业之间的有效连接。在项目实施、实践教学的过程中，教学老师带动学生展开实践操作，并以此平台为基础，学校和企业之间形成进一步的深度融合。除此以外，还可以引进企业的精英骨干展开一系列的实践教学，落实师徒制、导师制，增强实践教学的效果。

3. 服务平台

区别于传统的文化课教育，就业创业教育的成效并不是一朝一夕就可以看到的，这是一项长期性的日积月累的工作。它需要做好前期的规划设计，确立培养方向和战略决策，面对教育过程中可能出现的问题能够提出有效的解决策略，因此，服务平台的建立至关重要，它可以把握人才培养目标、控制人才培养进度，致力于就业创业实践教育体系的建成。

4. 项目平台

学生的就业创业活动需要项目平台作为支撑。项目平台的建立，可以为学生提供培训指导、政策咨询、项目服务等一系列的辅助，帮助学生及时性、集中化地了解招聘信息、就业信息、创业信息和行业资讯，为其日后的职业生涯规划搭建信息基础。

总而言之，实践基地的建设对就业和创业教育的发展、学生的个人发展、教师队伍的建设以及社会与高等职业院校的就业和创业人才的交流具有特殊的意义。高职院校可以通过拓宽校内外资源渠道，为高职院校学生就业和创业教育奠定实践基础。就业和创业教育实践基地通常分为校内实践基地和校外实践基地。一是校内实践基地。高职院校就业创业管理部门可以通过建立工作站、工作室、创业孵化园等实现校园实践基地的建设。二是校外实践基地。校外实践基地是学生开展就业和创业模拟培训，生产实习和毕业实习的主要场所。校园内就业创业实践活动包括实践活动课程和实践模拟课程，实践活动课程是利用现有的学校资源开展各种就业和创业教育和实践活动，以便学生获得直接的就业和创业信息和经验。实践活动课程包括就业创业论坛、沙龙、竞赛等。学生还可以通过组织俱乐部和挖掘项目来体验就业和创业的过程。当在体验过程中遇到各种问题时，学生必须运用综合能力解决问题。通过实践活动课程，学生可以充分了解作为一个就业创业者应具备的知识和能力，并朝着这个方向努力。还可以培养敏锐的观察能力，沟通、协调和组织能力，以及创新能力。实际模拟课程是指通过各种就业和创业模拟和模拟操作，充分利用学校的就业和创业实践基地和信息技术方法，使学生能够真正参与就业和创业。建立模拟公司、虚拟电子商务交易、商业街就业创业等都是实用的模拟课程。高职院校需要帮助更多优秀的项目从虚拟变为现实，并解决资金、设备、场地和技术等方面的问题。通过实践模拟课程，学生可以充分运用所学的就业和创业的知识和技能，分析实际操作中的不足的原因并加以改善，从而巩固和积累就业和创业的理论知识，并提高就业创业能力。校外就业和创业教育实践基地的最佳形式是走校企联合之路。通过聘请业务专家作为基础顾问和兼职教授，可以面向学生开展学术报告、特殊培训、专家讲座，并指导学生的就业和创业计划以及实习计划，提高学生对社会和企业岗位的认知。校内就业和创业实践非常重视模拟培训，校外就业和创业实践非常重视让学生体验企业和社会中就业和创业的困难，同时促进个人能力的提高和综合素养的提升。校外就业和创业实践活动包括社会调查、企业实习、独立创业等。

校外就业和创业实践应根据不同年级和不同专业的学生的具体需求开展，并遵循一些原则：学生自治和学校指导，使学生可以真正走出校门体验就业创业实践。高职院校应重视与企业建立长期合作关系，通过校企合作建立校外就业和创业实践基地。首先，可以定期组织学生参观企业，开展社会调查，并让企业家担任指导，向学生传授就业创业经验，使学生感受到就业和创业的困难；其次，可以组织学生到企业实习，了解企业的内部运作，拓宽行业知识，体验就业和创业的艰辛。高等职业学院还需要与政府建立长期合作关系，充分利用政府的优惠政策，鼓励高职院校大学生迈出就业和创业的第一步，特别是对那些已经在就业创业中崭露头角的人，要为他们的就业和创业设计与项目提供支持、投资和孵化，为大学生提供必要的资金和指导，并助推高等职业院校学生实现就业创业的梦想。除此以外，要有效落实就业创业实践的基本保障机制，就业创业实践在实施中需要很多人力、物力及财力的支持，且在投资时收获的效果会具有一定的延后性和隐藏性。这就要求政府与学校能高瞻远瞩，从长远出发，培养当代社会主义事业的建设者与接班人，对就业创业实践做一些有效的政策偏向。高职院校在财力、物力、人力上要保证充足，对实践基地、科技园等一系列的场地有足够的投资，做到专款专用，避免因为投资不足而出现平台停止搭建、停止运营的现象。因此，高职院校需要提前规划好实践基地需要的基本费用和设计方案，提交给政府或相关的金融机构，和投资方积极沟通、交流情感，为就业创业实践基地的建成赢得更多的资金扶持。就业创业实践的实施只凭借学校一己之力一定没有办法长期保持，尤其是学校在资源分配、后勤维护等方面，没有办法实现和满足就业创业实践的巨量、长久需求。因此，就业创业实践一定要获得政府、社会和企业的鼎力帮助。目前，许多公司都比较关注职员综合素质的提升，通过和学校开展一些合作项目，不仅能协助公司提高职员的综合素质，还能为公司吸纳更多具备创新能力的新型人才。

二、推动教育改革，创新人才培养模式

高职院校培养的人才必须是掌握实践技术的，因而推动教育改革至关重要，高职院校要以产教融合作为依托背景，结合企业、产业展开全新的办学模式，以企业需要、行业需要、产业发展作为向导，根据专业设置课程，实现专业人才和企业、行业之间的对接，力求人才掌握的技术能够和企业、产业的发展需要相吻合。建立一系列的实践体系，在实践中帮助学生获得就业创业的能力，使其在走向人才招聘市场之后能够找到较好的就业渠道。具体而言，创新人才培养模式可以从四个方面入手。

（一）教育目标的改革优化

产教融合背景下，高职院校就业创业实践教育体系的建设，由原先的同质化教育转向个性化教育、差异化教育，以此充分地挖掘个性潜能，因材施教，使学生更加具备合格的就业创业技能。就业创业实践教育也是素质教育的重要组成部分之一，教学目标更应该是致力于提升学生的专业素养，使其能够更加符合日后的就业创业岗位需要。

（二）教育资源的变革

产教融合背景下，高职院校就业创业实践教育体系的建设应当注重教育资源的变革，从封闭式的教育资源向着更加开放的方向迈进，具有弹性

化、方式更加灵活的特点。同时，教学资源不应该仅限于校内，校外、社会、政府、企业等多项资源都应该成为产教融合背景下高职院校就业创业实践教育体系的支撑。

（三）教育方式的变革

产教融合背景下，校企合作将成为全新的实践教育方式。举例来说，把具备创新精神的企业家作为教学主体之一，他们亲自向学生讲解自身的就业创业经历，再搭配相应的实践指导，这有利于促进理论和实践之间的融合，以及实践体系的坚固。除此之外，还可以借助和企业高层管理人员的商业合作、研讨交流等，帮助学生了解企业成果，也可以为企业提供有发展潜力的优秀人才。

（四）教育过程的变革

由单纯的学校教育逐步转向“学校+企业+产业”的教育过程。整体的教学过程时间变长，环节变得更加精细。

三、整合教育资源，更新教学目标

毋庸讳言，高职院校在之前的实践教育过程中存在着诸多的问题，所以导致最终的教育成果和预期有着一定的差距。当前阶段，由于科学技术的进步、市场经济的发展，高职院校和企业、产业、行业开展进一步的合作，因而整合教育资源至关重要。以专业、企业、产业作为依托，创建就业创业的实践氛围是建成实践体系的必经之路。新的实践体系包含的内容多种多样，如校内体验、课堂实践、校外实践操作等，想要各项实践环节都能够取得较佳的教育效果，就需要综合性地借助各方的力量，形成合力之势，为实践教育提供客观条件、有力支撑、实践环境、师资力量，一起保证实践效果的达成。举例来说，新建就业创业人才培养库，为学生提供就业创业项目，将具备就业创业基础条件和想法的学生聚拢起来，由相关的教学老师来不间断地指导、跟踪，学生在其各自的就业创业岗位上发挥职能作用，承担相应的责任，各司其职地开展项目的运营。在全新的就业创业教育实践体系中，教育资源更加开放、灵活、有弹性，校内体验、课堂实践、校外实践操作三大模块以自身的不同属性吸引学生的关注和参与，教学老师通过对就业创业成果的分析判断，帮助学生查漏补缺，实现能力的提升，推动项目的进展。各项教育资源之间的互帮互助，共同为教学目标的实现奠定了基础。

当前阶段，产教融合背景下的就业创业实践教育体系的目标具备个性化、全覆盖、分层次的优势。首先，针对即将开展就业创业活动的人员，要提供一系列个性化的实践活动，帮助学生度过磨合期，在社会上成功地就业、顺利地创业。其次，部分学生有着较强的就业创业积极性，理论课堂上的学习已经不能够满足其对知识的需要，因而就业创业实践模块为其提供了有利的成长环境，可以针对其个性化特点、专业来提供相应的岗位和实习机会，由此因材施教，锻炼他们的个人技能。最后，实践体系的建成，应当为全部的高职院校学生提供实践机遇，在全覆盖式的培养中，提升人才培养质量，同时能够为高职院校赢得较好的人力资源口碑，有利于之后的招生，由此形成良性循环，推动整个人才体系的逐步升级。对已经离开高职院校开展就业创业活动的学生，也需要持续的跟踪教育，帮助其度过就业创业的初期阶段，由此构建体系化、全方位、全过程、有针对性的实践教育机制，既能够考虑到学生的个性需求，又能够落实实践教育的过程和方法，避免了传统就业创业教育的目标泛化，真正使实践教育落到实处。

四、优化师资力量，深化校企合作

高职院校想要真正贯彻落实产教融合背景下就业创业实践教育体系的完善，必然需要教师团队有着足够的科研和教学能力，也要有着充足的实践经验作为教学支撑。现阶段，高职院校中大部分从事就业创业工作的教师，其自身的教学经验和科研能力足够优秀，而实际的就业创业一线实践经验较为缺乏。因此，高职院校可以立足于需求点，合理地调整人才招聘制度，适当降低对学历的要求，且以优秀的福利待遇、薪资水平来吸引企业精英加入教师团队中，由此创建产教融合背景下能够和企业对接、和教学结合的双师型教师团队，有利于实践教育的永续化发展。立足于长远的角度考虑，高职院校的顶层设计应当酌情考虑提升福利待遇以及建立完善的奖励机制，以此刺激在职教师更多地参与到实践工作中来，不断积累实践经历，充实自己的教学经验。举例来说，高职院校可以和企业展开深度合作，定期鼓励教学老师参与企业的实际工作，在等级晋升、职称评定的过程中，综合性地考量教学老师个人的实践能力和学术能力。除此以外，高职院校要带头建立健全的培训体制，立足于实践教学的需要，充分考虑到各个专业的个性化特点，为教学老师提供加入行业协会的一定渠道，有针对性地开展业务培训，使其能够接触到最前沿、最尖端的技术和行业信息，紧紧地把握行业发展的脉络。在实践教育的过程中能够及时地传递给学生这种新知识、新信息。总而言之，只有具备扎实的理论基础以及实践操作技能的教师，才能真正地践行就业创业实践教育。

此外，高职院校要在产教融合背景下真正实现就业和创业实践教育体系的完善，最困难的问题之一就是深化校企合作。产教融合、校企合作模式有效地实现了高职院校资源整合和优势互补，使学生在掌握理论知识的基础上，充分把握企业的实际技术应用方法和产业发展方向。通过这种方式，学生可以在实践中找到自己的就业和创业方向，丰富专业知识，提高专业技能，并培养解决实际问题的能力。同时，学生有机会在零距离接触业务场景的过程中与行业专家、高级技术专家和业务经理取得联系。这不仅将帮助学生获得行业专家和高级技术专家的一对一指导，还可能在公司的实践学习过程中，得到企业管理者的考验并获得就业机会。对合作企业而言，这一措施也有很大的好处。合作公司可以优先获得合格的专业技术人员，减少员工岗前培训的周期和成本，获得人才的竞争优势。在产教融合的模式下，企业与高职院校可以实现产学研的深入交流。公司为高职院校提供技术人员的岗位标准，且在整个过程中融入高职院校的人才培养模式，从而丰富公司经理在人力资源管理方面的理论知识，也有助于高职院校提高毕业生的就业质量，高职院校根据公司的实际需求制订人才培养方案，不断改进员工培训方案，不仅节省了人力资源成本，而且为公司提前储备了丰富的优质人力资源，以方便企业选拔优秀毕业生。除此之外，校企合作在展现企业的社会责任感的同时，也向社会公众宣传了企业品牌实力。深化校企合作的重要举措，可以从两个方面入手。

（一）完善产教融合校企合作的保障体系

产教融合、校企合作的办学模式对我国培养高水平技术人才、提高就业率、促进社会经济发展具有举足轻重的作用，因而政府和教育主管部门应高度重视，积极引导和促进校企合作。特别是对参加校企合作的企业，应减少或免征各种税收和其他有关财务方面的款项，以激励企业，特别是地方龙头企业积极参与校企合作，各级地方政府部门也要高度参与和积极协调，以确保产教融合背景下校企合作的顺利实施，此外，政府应通过产教融合，加大校企合作的资金投入，为培养高素质的技术人才提供有力的经济保障。根据学科和行业的发展趋势，建立教学研究中心，升级实用设备，在校内外建立实践基地和学生就业创业基地，引导有能力的学生参加就业和创业基地的相关活动，鼓励合作企业开展联合经营，分担风险和分享利润，使学生获得真实的工作经验并提高实践技能。

（二）实现校企双方互利共赢，加强校企沟通和交流，促进校企融合，提高企业参与积极性

首先，使学校与企业共同受益，实现双赢。双方的驱动方式应从情感驱动转变为利益驱动，以实现产业与教育的融合。因此，有必要根据行业发展趋势和发展需要，开展教学改革，合理配置课程，培养行业发展所需的人才，提高就业率，形成品牌专业，带动招生，这也是高职院校的目标。除了优先考虑高质量的人力资源储备外，公司还可以从高职院校、政府和教育管理部门获取相关政策和资源倾向，提高其技术和设备实力，建立自己的优势。行业协会要树立并展示具有高度社会责任感的企业形象。通过合作，公司还可以感受到高等学校的价值，分享科研成果，创新员工的思维方式，并发起新的文化和管理变革。因此，必须把双方的共同利益作为产教融合、校企合作的前提。其次，企业与高职院校之间的沟通对产教融合、校企合作的深度融合有着重要影响，在校企合作的过程中，要营造良好的合作氛围，探索多元化的沟通方式，加强双方之间的互动。双方应根据学生实习的教学计划和企业的业务流程形成一个交互式信息系统。企业

可以参考系统反馈以增强对学生的了解。高职院校可以使用该系统跟踪学生的工作实习进度。学校和企业都可以使用该系统交换学生实习效果的信息。最后，促进校企融合是影响产教融合、校企合作方式的重要因素。一是校园文化和企业文化的融合。学生在公司中开始学习技能时，必须保持学校的传统，遵守高职院校的行为守则和职业道德，接受企业文化的影响，提高职业素质，形成职业道德，并建立职业素养，为将来进入职场做好准备。二是学校管理系统与企业管理系统的整合。在校企合作的过程中，有必要事先将企业系统整合到教学过程中，形成一套科学、合理的体系，既可以满足教学管理的需要，又可以规范学生在教学过程中的个人行为。为确保企业的正常运行，为维护学生、学校和企业的共同利益而建立的管理体系为校企合作提供了安全保障。

五、落实保障机制

为了确保高职院校就业创业实践教育建设的有效落实，一系列的保障机制必不可少，具体有以下三点。

（一）激励政策保障机制

高职院校是以育人为宗旨的，然而企业的最终目的主要是以获利为主，合作双方目的并不统一，企业管理人员、员工和教学老师担负的各种任务非常多。这一问题对就业创业实践基地的正常运行非常不利。如想有效解决这一问题，最好的办法是构建且积极执行适当的激励政策。就高职院校而言，不可能与企业共享利益，但是实践基地获得的奖励、专利荣誉和产权可以与企业共享。对企业而言，除了优先吸引人才和拥有专利权外，获得的利润也属于企业。例如，如果参与的企业很多，就必须根据资金量实施相应的分配机制；对教学教师，除了学校的正常待遇外，还必须结合实际工作职责和完成的工作量给予其相应的补贴；对负责生产和运营的人员，奖金金额应由基地自行审核和分配；对从事实践教学、培养学生的就业和创业能力的教学教师，学校应当评估教学情况，以此为考核标准计算出奖金。对作为实习者的高职院校学生，除不给其交纳养老保险、住房公积金和生育险以外，可以享受实习人员的福利待遇，如果在基地有承包项目或从事企业家活动，则归还其所有应获得的利益。

（二）组织管理保障机制

组织和管理团队属于实施产教融合的人员和组织。高职院校要符合行政管理部门的相应规定和要求，结合校企合作管理和协同教育的原则，积极创建由政、行、企、校等各方组成的管理部门。该部门工作可分为两个部分：决策和执行。其中，决策部门可以由公司董事或管理委员会等组成，执行部门可以结合实践基地设立相应的管理部门。对基地的各级管理负责人，有必要要求他们开展就业和创业教育，要求其对专业实践、生产和经营有很好的掌握，且具有全面的管理能力，为培养高层次的管理人员打下基础。

（三）继续教育机制，提升孵化率

高职院校的学生在进入社会展开就业创业活动之后，会发现自己面对着各种各样不曾想象到的困难：缺乏行业经验、没有良好的合作关系、前期客户不稳定、资金压力大、家人朋友不支持、对财务税收法律法规了解不透彻等。当事业步入正轨之后也会面对多种多样的困境：前进动力不足、管理制度有限、运营混乱、效率不佳等。面对这些问题，高职院校要贯彻继续教育机制，在就业创业教育实践体系中要提前针对这些困境难题提出有效的解决策略，防患于未然，真正提升高职院校学生就业创业的孵化率，以全程跟进的态度帮助学生，力求取得良好的效果。不仅使学生初期的就业创业活动能够在学校的帮助之下顺利地开展，后期也能够借助于一系列的有效举措推动就业创业达到永续化发展。当前阶段，国家的经济以及科学技术呈现出了稳步发展的态势，想要切实地帮助学生提升就业创业的孵化率，就要建立特色化、专业化、高品质的实践教育模式，为就业创业活动源源不断地输入活力。

第七章　产教融合模式下“双师型”教师团队建设

第一节　“双师型”教师的概念和建设背景

一、“双师型”教师的概念

随着我国跻身世界第二大经济体，向经济强国转变历史新阶段的到来，社会对人才的需求也日益多样化、多层次化，特别是对各类技术技能型人才的需求更为迫切。因此，高等职业教育肩负着重大使命，既要满足我国经济转型升级的需要，还要为社会管理创新和人的全面发展提供养分。而作为我国高等教育重要类型之一的高等职业教育，其职教属性决定了实践教学的重要地位。高等职业教育的实践性要求使高职院校师资队伍建设具有特殊性，即在高职院校师资构成中，需要一大批“双师型”教师。2014年6月全国职教工作会议在北京召开，这是中华人民共和国成立以来我国召开的第三次职教工作会议。会议充分肯定了职业教育的重要地位和肩负的责任，特别是在经济结构调整和转型升级过程中的重要性。当今社会需要数以亿计的高素质劳动者和技术技能人才，需要千千万万拥有较强动手和服务能力的人才。要培养这些人才，则需要建设一支资格完善的“双师型”教师队伍。《国务院关于加快发展现代职业教育的决定》第十七条指出：建设“双师型”教师队伍，完善教师资格标准，实施教师专业标准。然而，当前高职院校中“双师型”教师不管是数量还是质量都存在问题。我国高职高专人才培养工作水平评估指标等级标准对高职院校的“双师型”教师比例提出了明确的要求，其中，达到50%为合格，70%为优秀。目前，全国高职院校专任教师超过 40 万人，“双师型”教师约占 40%。从数量上讲，距离高职教育内涵发展的要求还有一定的距离。从质量上讲，问题更为突出：人事制度没有倾向“双师型”教师队伍建设，教学改革没有引导“双师型”教师发展，科研工作没有促进“双师型”教师培养，兼职教师队伍建设缓慢。

（一）“双师型”教师概念的产生

我国真正意义的职业教育开始于改革开放之后。最初，职业技术学校的发展模式与其他学校的区别并不大，也是以理论学习为主。到了 20 世纪 80 年代后期，随着我国经济的发展，社会对技术型人才的需求量越来越大，但职业学校培养出的学生并不能很好地适应企业的工作，这也使人们对我国的职业教育提出了质疑。为了改变这种现状，政府以及科研机构开始探索更适合中国职业技术教育发展的新模式。“双师型”教师队伍建设就是在这种背景下产生的。

（二）“双师型”教师概念的发展

最早提出“双师型”概念的是王义澄，他于 1990 年 12 在《中国教育报》上发表题为《建设“双师型”专科教师队伍》的文章，主要以上海冶金专业专科学校为研究对象，建议把“双师型”建设列为一项提高职业教育水平的重要措施。在政府出台的正式文件中最早提到“双师型”这一概念是国家教委 1995 年颁布的《国家教委关于开展建设示范性职业大学工作的通知》，这份文件提出了要建立一支“专兼结合、结构合理的职业师资队伍”。其中，要求专业教师与实习指导教师都要有一定的实践能力，在整个教师队伍中，“双师型”教师要占 1/3 以上，合格的学校才可以列为试点学校。1998 年，教育部又颁布了《面向二十一世纪深化职业教育改革的原则意见》，又进一步明确了“双师型”教育模式。1999 年，国务院及其他相关部门又在教育工作会议上提出：发展“双师型”教育队伍是我国职业教育未来较长时间内的根本任务。2000 年，教育部又出台了《教育部关于加强高职高专教育人才培养工作的意见》（简称《意见》），认为高职学校教学水平的提高关键在于“双师型”教学队伍的建设。《意见》当中进一步指出，高等职业学校的教师要走产、学、研结合的发展道路，要加强对职业学校教师的培训，提高教师的“双师型”素质。

进入21世纪之后，社会对高素质技术人才的需求增大，国家更加重视职业教育教师队伍建设。2005年至2006年，国务院相继出台了《关于大力发展职业教育的决定》和《关于全面提高高等职业教育教学质量的若干意见》，两个文件都把建设“双师型”教师队伍放在非常关键的位置，体现出国家对职业教育师资建设的重视。2010年11月，教育部颁发了《中等职业教育改革创新行动计划（2010—2012年）》，再一次重申我国政府非常重视高职院校教师队伍的建设。2014年，教育部又开始酝酿新的职业教育改革，计划把全国1200所高校中的一半转为本科职业教育院校，这种改革是根据我国目前社会发展现状做出的，并于2015年开始试点工作。教师队伍的建设是改革成功与否的重中之重，在新的历史条件下构建高素质的“双师型”教学团队迫在眉睫。

（三）“双师型”教师的内涵

严格来说“双师型”是一种行政称谓，在我国主要指职业技术学校的教师。目前学界对“双师型”教师的说法并不统一，从不同的角度出发，有不同的定义。通过梳理各类文献资料，“双师型”教学团队的界定主要可以分为四种：第一，“双证说”。这种观点认为教师要持证上岗，一名合格的职业学校教师应该有专业教师资格证和行业技能等级证，这两证也是衡量教师是否达到职业教师资格的标准，人们开始把教师的实践能力放到与专业能力相同的位置。第二，“双素质说”。这种说法认为，职业学院的“双师型”教师应该有扎实的专业基础知识，精通教育学、心理学等；还要有高超的职业技术能力。这种观点更重视教师的实际能力。第三，“叠加学说”。这种观点认为“双师型”教师既要有从业资格证和技术等级证，更要有真才实学，这种观点是前两种观点的综合，对“双师型”提出了更高的要求。第四，“双层次说”。双层次观点对“双师型”教师赋予了丰富的内涵，它认为，教师有较强的理论知识和技术能力只属于低层次的标准，而作为高等职业学校的教师还应该有更高的要求，就是有较高的师德，还要有循循善诱的本领，善于引导学生，提升学生的自我发展能力。

“双师型”教师的概念始终在不断争论中发展，主要有“双职称说”“双证书说”“双能力说”“双来源说”。“双职称说”，是指拥有两个不同系列的中级及以上的技术职称，可以概括为“讲师+工程师”。“双证书说”，是指持有“双证”，即教师资格证和职业技能等级证，且具备相应素质与能力的专业教师。“双能力说”，认为教师应该具备较好的教学能力和较强的实践动手能力，教师既可胜任专业理论课的教学，也可在学生实践专业技能训练时示范和指导。“双来源说”，是指“双师型”教师队伍由专职教师和来自企业有多年实践经验的兼职教师构成。笔者认为，“双师型”教师是在高职院校任教，一方面具有“双师型”教师的内涵本质要求，另一方面又具有“双证书”要求的资格特征，从事本专业理论教学、实践教学和技术岗位工作，并将技术岗位工作转化成教学设计的专业教师。

（四）“双师型”教师团队的内涵

从上述四种定义可知，“双师型”具有非常丰富的内涵，要求教师要有高尚的道德水平、丰富的理论知识、高超的专业技术能力和专业教学能力，要能够在教学中发挥自己的特长，还要能够通过有效的教学手段与方法提高学生的自学能力和自我发展能力。如果想让每一名教师都达到这样的标准也存在着很多困难，因此，要想真正提高高等职业学校教师的水平还需要探索更为有效的思路。从前文的论述中可以发现，想要构建真正意义上的“双师型”教师队伍存在着很大的困难，针对目前“双师型”建设存在的问题，研究者又提出了“双师型”教学团队的构想。“双师型”教学团队是指在教学队伍中既有专业的教师，又有兼职的教师，有的来自高校，有的来自与学校合作的企业，还有科研单位和行业协会的相关人员。专业教师主要负责理论知识的传授，而兼职教师重点承担技术实践任务，科研人员负责教学研究和技术研究。在整个团队中，每个成员都各负其责，最终实现多个机构的互惠共赢。这种形式一般被称作“双师型教学团队”或“双师型教师队伍”，本书探讨的“双师型”教学团队就属于后者。

这种合作式的“双师型”教学团队不要求团队中的每个成员都要具备“双师型”的素质，而是通过团队中的不同成员的组合，以达到“双师型”需具备的能力，企业、学校、科研单位和行业协会都要发挥自己的专长，形成强大的团队力量，最终实现“双师型”要求的目标。

二、“双师型”教师团队建设的背景分析

（一）“双师型”教师团队建设的必要性

1. “双师型”教师团队是提升教师质量的关键

高职院校的教学目标是为了培养高质量的技术人才，教学质量是学校教学的根本。从学生的培养质量来看，很多高职院校并没有达到期望的目标，“重理论轻实践”的教学现状让学生走入社会后无所适从。而“双师型”教学团队的建立，让一批优秀的企业技术人员充实到教师队伍当中，这就在整体上提高了教师队伍的实践能力，学生在这些教师的指导下学习，把课堂上的学习理论与实践有机地结合，提高学生的实践能力。而从现实教学状况来看，我国高职院校“双师型”教学团队的建设离建设目标及政府的要求仍有着很大的差距。高职院校、政府教育主管部门也都意识到了这一点，目前正通过多种措施来改善当前的不利局面。教育主管部门正不断加大支持力度，让更多的企业技术人员走进高职院校，构建起高素质的“双师型”教学团队，切实提高高职院校的教学质量。

2. “双师型”教师团队是推动产教融合的主体

“双师型”教学团队的建设思想就是以个体带动团队，以个体的优势互补、相互合作来提高整体的素质。具体实践办法就是走“产学研相结合”的道路，以职业学院的专职教师、企业优秀技术人才和科研人员等组成，既提高了团队的专业理论水平，又提高了实践能力。“产学研”结合成为现代职业教育最为常用的手段，也是促进企业与科研机构发展的重要方法，在这个团队中，学校、企业、科研机构实现了共赢。企业给学校资金与人才的支持，提高了教学质量，科研机构让学校的教学实践更为合理，也提高了学校的科研实力。反过来，学校为企业培养了未来需要的人才，也为科研机构提供了良好的科研基础。

“双师型”教学团队使企业、科研机构与高职院校紧密地结合在一起，成为推动产学研真正结合的主要力量。

（二）“双师型”教师团队建设的可行性

1. 专业建设是“双师型”教师团队的基础

“双师型”教学团队是把各方面的专业人才结合在一起的组织形式，因此，团队中的成员必须各有所长。总体来看，学校的专任教师负责理论教学，企业的兼职教师负责实践，科研机构负责项目的研究与开发，三者各负其责。因此，“双师型”教师团队建设的重点是专业建设，每个专业的提升才能促进整体水平的提高。严格来讲，高等职业学校的教师队伍专业化水平不高，还没有真正组建起“双师型”的教学团队。高职院校要多组织各专业教师参加培训，提高其专业素质，同时，企业还需要派一些技术骨干力量补充到职业学校的教师队伍中，使教师队伍的整体结构发生改变。“双师型”教师的提法有一定的理想化意味，要想让每位教师都能够全面发展，不太现实，也不能促进教师专业化水平的提高。“双师型”教学团队建设弥补了上述缺点，促进了教师向专业化的方向发展。反过来，教师的专业化水平越高，团队的互补性也就越强，整体素质也就越高，大家能够各负其责，把自己的专业特长传授给学生。因此，专业建设是“双师型”教师团队建设的基础。

鼓励教师多拜师傅广、学技能。在学院或系部安排的由学科带头人、教学名师、企业专家及高职称老教师构建的“导师组”内，青年教师要跟紧多位理论教学与实践操作方面的师傅，多学多练，博众家之长，促进自身教学能力快速成长。教学是教师的基本职责，课堂是教师最重要的工作阵地，教学能力是教师的立足之本。

勤练兵多钻研，夯实专业技能。青年教师应通过经常性地参加各级“说课”“微课”等教学业务或专业技能竞赛，积极指导学生参加“全国大学生电子设计竞赛”等专业技能竞赛、科技制作与创新比赛，培养良好的自我效能感，有力提升专业实践能力。在提高自身理论教学与实践技能的过程中，更好地发现和发挥自己的专业特长，以利于后期成长中有所侧重地发展学术科研或是实践创新。

融入教学团队，培养互助精神。经过教学改革与实践中的不断接触与磨合，不少优秀的高职院校已基本形成了以专业或课程（群）为建设平台，老中青搭配、职称和知识结构合理的多个优秀专业教学团队。青年教师要把自己融入具有明确发展愿景和良好合作精神的专业教学团队中成长，加强在教学及科研方面的团队合作意识，产生提升团队凝聚力和向心力的“火炉效应”，将更加有利于青年教师自身综合业务能力的提升。

积极争取进修机会。“君子不器”，青年教师要经常走出去学习，要跨学科、跨院校地多接触新知识、新技能，鼓励文理兼修。青年教师活跃的思维和强大的创新能力将是专业发展中的优势。青年教师要在专业发展的过程中，维护好和利用好专业进修、职后培训的合法权益，提高自身的专业理论、实践教学能力及科研能力。在职研究生培养等常规渠道之外，教育部高等教育司建设的全国高职高专教育师资培训基地、高等职业学校教师专业能力发展平台（全国高职高专教育教师培训联盟）及其下属的各省级平台、“中国高职高专教育网”等都能够在提升青年教师专业教学能力方面提供良好的实践机会，尤其是专门面向高职高专师资培训的“国培”与“省培”。另外，各专业对口的行业内部也经常举办执业资格方面的系列培训班与认证，在提升专业教师理论水平的同时更加注重专业实践能力方面的培训，这为专业教师的成长提供了更加宽泛的选择空间。青年教师个人也可充分利用零散时间，通过全国高校教师网络培训中心的“教师发展在线”“网易公开课”“幕课”（如 coursera，org）等网络平台提升自己。

2. 产教融合是“双师型”教师团队建设的途径

“双师型”教学团队的组建需要学校、企业和科研机构的密切配合。高职院校的教师一般都具有很强的理论素质，也仍然需要不断地学习、培训与科研，而这些都需要大量的培训经费，企业正好可以为高职院校提供一定的资金，科研机构可以为院校提供科研指导。企业的支持包括提供培训资金、聘请培训人员、提供培训场所等，而科研机构可以为专业教师提供培训服务，技术人员利用专长开展实践指导，弥补了高职院校教师实践能力不强的弱点。企业参与高职教育，符合高职教育发展的需求，也是高职教育生命的支点。科研机构与高职院校、企业合作也使自己的专长得到了发挥，促进自己的科研成果转化成现实的生产力。总之，产教融合让高职院校教师队伍的素质更加全面化，是高职院校“双师型”教学团队建设的重要途径。

3. 实践基地是“双师型”教师团队建设的平台

实践是高职院校教学活动的核心，没有实践就不会有好的教学效果。目前，高职院校都建立了自己的实践基地，学生在理论学习后可以到实践基地检测自己的学习成果。高职院校教师不但要负责理论授课工作，还要指导学生的实践。针对专业教师实践能力有限的问题，高职院校开始聘请企业的优秀工作人员来担任这项工作，这样一来，高职院校的教师队伍中就包含学校的专任教师与企业派遣的兼职教师两大主体，实践基地建设也就加速了“双师型”教学团队的构建，为团队素质的提高提供了重要的平台。另外，对科研人员来说，实践基地也是其检测成果的重要场所。科研人员是“双师型”教学团队的重要组成部分，通过实践基地与高职院校和企业形成了密切的合作关系，且在这一团队中发挥着重要的作用。由此可见，实践基地也是促进高职院校、企业及科研机构密切合作的重要因素。高职院校校内实践基地承担了高技能专业人才培养的实践教学任务，校内实践基地中的学习是各门专业课程在实践过程中的综合应用，是学生对专业领域、工作岗位逐步形成认知的过程。高职院校的校内实践基地产教融合人才培养定位，即培养什么人、怎样培养人，要符合高技能人才成长规律，做到工学结合、知行合一。现阶段高职院校实践教学具有片面性和独立性，针对的是某一个职业工种，学生对本专业及岗位的工作过程缺乏全面的认知。创建产教融合培养模式，要重新认识、重新规划实践教学；校内实践基地要实现产教融合，必须做到行业与专业对接，生产与教学对接，岗位与课程对接。

高职院校实践基地建设的基本问题指的是高职院校实践基地建设的客观存在及人们对高职院校实践基地建设的思维意识。高职院校实践基地建设的基本问题，应该具备三个方面的特质：第一，高职院校实践基地建设基本问题源于高职院校实践基地建设实践过程本身。它是一根在更高层次上贯穿高职院校实践基地建设全部实践过程的红线，否则，其基本问题之基本则无从体现。第二，高职院校实践基地建设的基本问题规定了高职院校实践基地建设的性质、特点、发展模式。第三，高职院校实践基地建设的基本问题不仅要符合中国高职院校实践基地建设的实际，且对中国高职院校实践基地建设具有最强的解释力，还应具有与世界其他国家与地区高职院校实践基地建设相接轨和对话的能力。高职院校实践基地建设的基本问题涉及众多角度、众多方面，本书仅从实践基地建设的价值、存在形式（类型）以及与社会生产服务之间的关系这些角度来理解高职院校实践基地建设的基本问题，即高职院校实践基地建设的价值目标、高职院校实践基地建设的类型和影响其发展的“软硬件”资源。

第二节　“双师型”教师团队建设的理论基础

一、人力资源管理论

人力资源是社会中最为重要的资源，管理人力资源需要科学、有效的方法，对组织、培训和调配一定物力相结合的人力资源，使人力、物力保持最佳的配比水平。同时还要控制和调节人的思想、行为，发挥人的主观能动性，达到人尽其才、物尽其力、人事相宜的目标。人力资源管理是实现组织目标的重要手段，通过有效的组织提高劳动生产率。人力资源管理主要包括招聘、选拔和录用人力资源；培训、管理、考核和激励人力资源；制订人力资源发展目标和人力资源管理的规章制度等。高职院校的人力资源管理是指院校利用现代人力资源管理手段，配置、管理与整合学校的人力资源，还要负责培养人力资源、提高思想意识及指引其表现出来的工作态度、合作能力等。要想实现这些目标需要充分了解高职院校的人力资源，根据他们的实际情况制订发展目标、管理规划、评价标准和培养计划等。对高职院校教师队伍的管理必须要有长远的规划，要注重教师队伍的年龄结构、专业结构、学历层次等多方面的指标，特别是在专兼职结合上，要通过学校的发展带动教师队伍的发展。高职院校的人力资源管理还需要加强高职院校的文化建设，使团队中的每个成员都能在一种和谐、向上的氛围中开展自己的工作，把提高工作质量和工作效率作为自己的工作目标，共同营造一个良好的教学、科研环境，为高职院校未来的发展打下良好的基础。

二、教师专业论

联合国教科文组织于1966年召开了一次关于教师地位的会议，在会议上讨论了《关于教师地位的建议》，认为教师这一职业应该被看作是专业性的职业。在之后的几十年中，人们一直没有停止过对教师专业化的讨论，各方面的专业人士讨论了教师专业化，从讨论的结果来看，教师也只能算是一个准专业的职业。在教师专业发展的过程中，应该注重教师地位和角色的转变，使教师的工作满足一定的专业要求。综上所述，教师的专业化就是指教师在从教生涯中，通过终身学习和训练，不断提高自己的职业道德水平、专业知识和教学能力，不断向专业化工作者的方向努力。一个人由普通工作者变为专业工作者需要较长的一段时期，教师这一职业与其他职业相比，具有自己的特点，对专业化教师的培养需要一套独特的培养方式和过程，需要建立专门的管理制度，为教师提供独特的职业条件。教师的专业化既包括学科的专业化，也包括教育的专业化，要对教师的专业知识、教学能力、职业道德水平有严格的规定与考核。“双师型”教师是高职院校教师专业化的主要方式，也可以理解为职业院校教师的“双素质化”。教师的一般文化水平、教育科学知识和行业素质构成了高职院校“双师型”教师素质的主要内容，也是实现职业院校教师队伍专业化的核心目标。

三、学习型组织论

“学习型组织”的概念由美国学者佛睿斯特于1965年提出，之后被众多学者引用，其中，彼得圣吉在《学习型组织的艺术与实务》一书中较为详细地阐述了这一概念。在这本书中，作者认为“学习型组织”指组织内的成员在良好氛围熏陶下，充分发挥了自己的主观能动性，能够以积极的态度投入到学习当中，且能够与组织内的成员密切合作，形成高度的凝聚力、创造力。在该组织中，每个成员不但自己主动学习，而且能够帮助其他人，使组织的成就超过个体相加的总和，这是“学习型组织”的最终目的。在高等职业技术学院中，人才培养的质量关乎社会经济的发展。而教师是人才培养的主要实施者，其从教能力起到关键的作用。从我国高等职业教育的现状来看，我国虽然提出了“双师型”教师的概念，也为此做了大量的工作，但取得的成果并不非常显著。其中最为关键的问题就是教师缺乏终身学习和可持续学习的观念。只有教师树立了不断学习的信心和决心，才能让教师素质不断提高，以达到“双师型”教师的基本要求。“学习型组织”这一概念运用到“双师型”教学团队建设中，有力地促进了团队成员的发展。在团队内部，每个成员都树立了正确的学习理念，就会在内部形成一种良好的学习氛围，而且能够带动企业派遣的技术人员加快适应教师这一角色，掌握更为丰富的教学方法与手段，提高教学效率。

第三节　我国“双师型”教师团队建设的现状

以服务为宗旨，以就业为导向，走产学研结合发展道路，是高职院校的发展目标。因此，高职师资队伍建设中的“双师型”教师比例是衡量职业院校专业教师队伍质量的重要指标。根据《2013 中国高职教育人才培养质量年度报告》，2013 年“双师型”教师占比由上一年的 50.9%提高到 57.2%，而离 70%的优秀标准还有较大的差距。其中，浙江、江苏等地超过 70%，云南、广东、山西、内蒙古自治区等地则不足 50%。据《2012 年中国高职质量年报》显示，2011 年，高等职业教育专任教师数量达到 42 万人，其中，正高、副高、中级、初级、无职称的比例为 3∶25∶34∶28∶10，全国高职教育生师比例为 17.27∶1。高职教师具有行业企业经历的人数进一步扩大。2010 年，高等职业院校招聘具有实践经验的企业技术骨干和能工巧匠担任兼职教师的占比为 24.2%，兼职教师承担了 14.5%的授课任务，承担了 83.6%的实践教学任务。2011 年校企合作开发课程占比为 8.1%，其中，核心职业能力课程为 12.5%，来自行业企业的兼职教师达到 5.8 万人，比 2010 年增长 20%。截至 2011 年，全国高职院校共有 1276 所，953 种专业，48121 个专业点。2011 年实施的高职院校专业服务产业项目，重点支持每所院校 1~2 个紧缺专业，使专业更好地服务区域经济，与国家产业布局相协调。随着社会经济的发展，“双师型”教师的培训也在不断增加。教育部制订《高等职业学校骨干教师培训管理办法》，确定了《高等职业学校骨干教师国家级培训2011年度项目名单》，188个培训项目立项。高职院校培训力度持续加大，2011年度有44.4%的专任教师参加培训，培训时长人均达到23天。学校内部培训也持续活跃，如2011年山东省全面启动高职院校国家、省、学校三级培训项目，全年承担国家级培训610人，省级培训2000人。高职院校教育教学改革不断推进。教育教学改革重点在专业教学资源库的建设，通过高职专业教学资源库建设，很好地促进了“双师型”教师队伍建设、精品课程建设、学校信息化管理。2011年，中央财政通过支持示范性专业建设了28个高职教育共享型专业教学资源库，实现专业资源共享。“双师型”教师队伍在专业教学资源库建设中发挥了积极作用，通过努力在全国形成了一种示范性教学模式，带动了教学方法和手段的改革。

“双师型”教师教学团队在教学改革、信息化建设中发挥了重要作用。例如，由辽宁交通高等专科学校牵头建设的汽车检测与维修技术教学资源库，内容涵盖了课程中心、案例中心、培训中心、资源中心、考评中心和专业展示等平台资源，编写有12门职业能力核心课程标准、学习资料和考核方法，完成了57个教学项目设计，包含了150余项工程案例，充实了教学素材资源。这些充分显示出“双师型”教师在高职教学资源库建设中的重要作用。中央财政支持的高职院校实训基地2011年新增221个，使该项目实训基地达到1068个，全国高职院校校内实践基地使用达到193 375万人次，利用实训基地有效提升了“双师型”教师的实践能力，提升了高职院校技术技能型人才的培养质量。2011年，高职院校校外实习基地达到8.5万个，平均每个学校96个，平均实习天数140天。校内外实训实习基地为高职院校开展校企合作、人才培养模式改革、以岗位职业能力确定课程核心能力、强化教学做一体化等方面发挥了重要作用。

以湖南高速铁路职业技术学院为例，学院依托深厚的行业渊源，开展铁路职工继续教育长达60多年，是中国地方铁路协会培训基地、香港铁路培训基地、铁道部危险货物运输技术培训基地、广铁集团职工培训基地，打造了在岗教育培训品牌，获得企业的高度认可。

近年来，湖南高速铁路职业技术学院对接湖南加快发展先进轨道交通装备产业的需要，继续与广铁集团等16个铁路局、中铁六局等20个工程局、深圳地铁等12个地铁企业、香港铁路公司及全国56家地方铁路公司广泛合作，开展高铁工务、高铁房建、高铁信号、高铁运输等多门类、高层次技术人员培养培训，年均培训量达到近6000人次，近5万人/天。

湖南高速铁路职业技术学院确立了“校企融合，产教对接，互动双赢，共同发展”16字办学方针，从根本上确立了人才供给的标准。该校坚持特色化、差异化构筑人才培养模式，各专业群校企一体实施“项目导向、角色互动”“双融合三衔接”“双元因岗施教，三段递进实训”“岗位导向、学练一体”等各具特色的人才培养模式，开展“系企一体”“学、练”一体化、“工区”真实教学模式改革。依托先科桥隧学院、电务工程学院，摸索出“工学交替、实境育人”人才培养模式。每一位师傅带1~3名同学，从学生入学起即开始全程指导学生的教学与生产活动，带着徒弟到实验室做实验、下工地作业，到企业了解岗位升迁，感受企业文化。《教学与生产实习手册》是考核师徒成果的重要依据，也是学生毕业的重要资料。

第四节　“双师型”教师团队建设的路径

一、以更新观念为先导，明确指导思想

师资队伍建设是学校最基本的教学建设。加强“双师型”专业师资队伍建设，须要更新观念，明确指导思想。无论是院校还是教师，能否积极参与“双师型”专业师资队伍建设、积极促进教师专业发展，关键是看其观念是否得当，指导思想是否科学。

（一）强调专业发展，转变传统歧视观念

我国著名教育家顾明远先生曾说：“社会职业有一条铁的规律，即只有专业化，才有社会地位，才能受到社会的尊重。如果一种职业是人人可担

任的，则在社会上是没有地位的。教师如果没有社会地位，教师的职业不被社会尊重，那么这个社会的教育大厦就会倒塌，这个社会也不会进步。”实现高等职业院校“双师型”教师专业化发展是提高高职专业教师社会地位和职业声望的根本之道。只有坚持“双师型”教师的专业化发展，才能凸显“双师型”教师职业的专业水准和专业技术含量，才能吸引更多优秀人才加入高职专业师资队伍，才能提高我国高等职业教育的质量和水平，打造高质量的职业教育品牌。我国要走具有中国特色的工业化道路，必须要解决人力资源开发不充分、职业技术型人员不足的问题。因此，我们必须转变传统“重知轻能”的思想，消除对高等职业教育的歧视，用终身教育的思想、全面发展的理论深化对高等职业教育的认识，明晰本质，丰富内涵，坚定不移地走专业化发展之路。同时，政府部门也要为高职教育的发展创建良好的外部环境。一方面，通过媒体、会议、政策等渠道宣传高等职业教育在我国国民教育体系中的重要地位，扩大优秀的高技能应用型人才的典型示范效应，将高职教育的相关政策落到实处，广泛树立“能力重于学历”的观念，弘扬“三百六十行，行行出状元”的职业风尚，为高职教育的发展营造良好的舆论氛围；另一方面，各级政府应从经济发展的现实需求出发，将发展职业教育纳入当地经济发展的规划中，建立健全各项政策制度，合理配置教育资源，逐步提高生产一线技能人才，尤其是高技能人才的经济收入，尽快破除鄙视高等职业教育的陈腐观念，引领高等职业教育步入良性发展轨道。

（二）突出能力本位

加快队伍建设进程能力本位是当代中国发展的核心文化理念，是一种人生价值取向。传统思维中，人才总是与学历、文凭紧密相连。人们也常说，如今是学历社会。这个说法不无道理，在传统思维的惯性心理影响下，现实中的就业招聘、职称评定、福利待遇等各个方面都与学历紧密挂钩。然而学历和文凭只能是代表着曾在何处受过何种教育、学过何种课程、专业知识掌握如何。在高等教育大众化的今天，这样的一纸文凭的价值将会不断贬值，整个社会将逐步完成从资格概念到能力概念的转变。高等职业教育培养的是高级技能型人才，坚持能力本位价值观，以专业技能的传授为重，更应该将以能力为导向的原则贯彻到高等职业教育的方方面面。因此，在“双师型”专业师资队伍建设中，要牢固树立能力本位的思想，确立岗位能力教育与培养的核心地位，以专业技能为考量的准绳，以能力为评聘的关键，在强调教师应提高学历的同时，要更加注重通晓行业技术标准和熟练技术操作。当然，要真正将能力本位的思想纳入高等职业教育体系是需要一段相当长的时期的。在这一过程中，高等职业院校师资队伍建设必须坚持“三结合”和“三并重”。所谓“三结合”，即校本培养与校外引进相结合、专职教师与兼职教师相结合、学校与企业相结合；所谓“三并重”，是指学历提升与专业培训并重、理论与实践并重、教学能力与专业技能并重。只有做到这两个坚持，我国高等职业院校的“双师型”专业师资队伍建设才能实现能力本位，才能真正步入科学、健康、可持续发展的快车道。

（三）秉承以人为本，实现科学全面发展

以人为本的目标是实现人的全面发展，强调以人为出发点和中心，是科学发展观的核心内容，是中国共产党十六届三中全会提出的新要求。新的发展机遇，破解新的发展难题，关键就是要以科学发展观为指导，切实将各项事业转入到以人为本、全面协调、可持续发展的轨道。因此，“双师型”专业师资队伍建设必须秉持以人为本的理念，将队伍建设视为全面、协调、可持续的发展过程，努力实现协调发展、科学发展和全面发展。具体来说，“双师型”专业师资队伍建设要以满足教师个体现状与发展的需求为出发点，以教师基本素质培养为重点，努力突出六个“性”，即突出导向性，重视职业道德和综合职业能力的培养；突出计划性，视高职院校师资队伍的建设为一个长期的、系统的工程，建设过程中要有整体规划，对高职教师的发展也要有计划、有安排，“哪疼医哪”着实不是明智之举；突出主体性，以教师的个体特征和发展需求为出发点，培养培训的形式、内容、途径等应尊重教师的个人意愿与实际，确保教师的话语权；突出实践性，以职业实践为发展关键，注重教师专业技能的培训与发展；突出多样性，重视教育的个性发展；突出层次性，即注重学科带头人、骨干教师等的培养，着力师资队伍的梯队建设。

二、以内涵发展为突破，加强制度建设

要加快高职院校“双师型”教师团队建设，制度的顶层设计至关重要。因此，必须要出台一系列具有高等职业教育特色、适合高等职业院校自身发展、有利于“双师型”专业师资建设的政策文件，完善高职师资队伍的制度建设，为“双师型”教师团队建设提供政策支持和保障。

（一）明确“双师型”教师内涵，找准“双师”角色定位

“双师型”教师团队建设是高职院校专业师资提升素质水平，彰显高职特色的重要方向，是提升高职教育教学质量的必然要求。准确理解和把握“双师型”教师的内涵，对构建“双师型”教师资格认证体系、创新培养模式、优化队伍素质与结构都有着十分重要的意义。到底如何界定“双师型”教师这一概念呢？目前学术界对此看法不一，综合而言有“双职称说”“双能说”“双证说”“双证+双能说”“双师素质说”“一证一职说”和“双元说”等七种。经辨析，本研究认为，“双师型”教师是指具有一定的专业学历和实践工作背景的，集理论课教学与实际操作训练素养于一身的复合型高职专业师资。具体而言，这一概念起码包括三个方面的含义。

首先，“双师型”教师是一种复合型人才，不是叠加型人才。所谓“叠加型”人才，即是身份的一种罗列，对“双师型”教师来说，就是教师和工程师两种身份的叠加，是教师资格证和专业技术职务证书的相加，这是低层次的人才素养形式。“双师型”教师应是更高层次的人才，是教育教学素养和实践操作指导素养的复合与综合。

其次，以系统论的观点来认识，“双师型”教师的素质是一个结构性的有机整体，是其必备的内外品质的综合，不仅包括职业道德素质、知识素质、教育教学能力、教学研究能力、创新素质等一般性教师素质，更重要的是，还应具备熟练的专业职业技能、丰富的实践经历经验、理论与实践结合及其教育转换能力、职业指导与创业教育能力、课程开发能力等特殊性素质。

最后，兼职教师是“双师型”教师团队的重要组成部分。换言之，“双师型”教师不仅包括高职院校的专任教师，还包括从校外企业、行业聘请

的兼职教师。

（二）建立资格认证制度，提升“双师”社会地位

职业资格是职业人员能力和水平的象征，是社会职业成熟程度的重要标志，更是职业社会地位和社会认可度的必然要求。《中华人民共和国职业教育法》规定：“实施职业教育应当根据实际需要，同国家制定的职业分类和职业等级标准相适应，实行学历文凭、培训证书和职业资格证书制度。”而事实上，我国“双师型”教师至今尚未有严格规范的职业准入、职业资格证书制度。与职业教育较为发达的国家相比差距明显。在德国，职业教育教师是一种专业化程度极高的职业，其职业教育教师资格证书必须经由长达7~8年的专业培养、通过两次国家级考试方能获得；在美国，“职业技术教育教师证书制”要求职业教育教师必须取得学士学位，且在相关职业领域工作1~2年；韩国的职业教育教师资格证书则分为三个等级，每一等级都有具体的认定标准，具有较强的操作性和规范性，其认证制度更为严格。为此，我国在立足国内高职教育专业师资现状的基础上，借鉴国外的先进经验，建立和规范“双师型”教师资格认证制度势在必行。

首先，搭建“双师型”教师职业技能水平鉴定平台。为把好“双师型”教师团队的入口关，可由相关教育行政主管部门共同组织发起，成立职业技能鉴定委员会，采取考试等形式客观地测量、考核和鉴定“双师型”教师应具备的综合能力素质。考核过程应坚持两大原则：一是综合考察原则，即基于职业技能水平的考核活动应涉及学历、思想政治理论与实践、教育学、心理学、职业教育学等基本科目、职业专业技能水平、社会实际工作经历、应用技术研究成果等多方面的考察，从而对参考人员作出综合客观的评价与鉴定；二是分层量化原则，即职业技能鉴定委员会可在组织专家、学者、各高职院校资深教师充分论证，广泛征求意见，深入探讨研究的基础上，制定出“双师型”教师技能水平认证体系，通过量化标准对“双师型”教师定层等，并发放相应等级证书。这些证书不仅将作为各高职院校“双师型”教师岗位聘用的必备条件，还将与教师自身的职称晋升直接挂钩。

其次，运行“双师型”教师资格证书制度。为提升“双师型”教师的社会地位和社会认可度，确保高等职业教育的教学质量，相关行政主管部

门应结合我国高职“双师型”专业师资队伍的建设现况，积极探索和运行“双师型”教师的资格证书制度，出台“高等职业院校专业教师的任职规定”“高等职业院校‘双师型’教师考核办法”“高等职业院校‘双师型’教师资格认证制度”等制度和措施，完善“双师型”教师从业资格的认定，实现“双师型”教师持证上岗。

最后，建立“双师型”教师资格水平监控保障机制。要提升高等职业院校教师的专业素质和职业地位，仅有相关资格认定制度是远远不够的，还需要建立“双师型”教师资格水平监控保障机制，定期考评、考察已获得职业资格证书的教师，以充分保障职业资格证书与教师从业能力的等值性，保证职业资格证书在岗位聘用、职务聘任、职称晋升和工资待遇等方面的基础作用，增强社会认可度，从而真正有利于高职院校“双师型”教师的职业成长，有利于高等职业院校师资队伍的专业建设，有利于高等职业教育的深化发展。

（三）构建职称晋升标准，确保正确发展导向

实践证明，普通高等教育偏重理论科研的职称晋升机制并不适合高等职业教育“双师型”教师的评审。高等职业教育与普通高等教育是两种不同类型的教育，其教师职称评定标准理应有所区别。因此，高等职业教育应单独构建体现高职教师工作特色、适应“双师型”教师发展的职称晋升标准。一方面，要降低理论科研水平的考核比重，将技术实践能力、经历和开发应用能力均纳入评审体系，并作为重要考评指标，强调教师的专业技能水平的提升，重点考评教师对学生职业能力的培养；另一方面，在“双师型”教师内部，根据“双师型”教师资格的等级分布评定职称，且可与普通院校的职称划分相对应。总之，高等职业教育独立的职称评定制度要使高职教师的一切职务评聘工作有利于高职教师的专业化发展，有利于“双师型”教师团队的建设，从而确保高职院校“双师型”教师的正确导向。

（四）打造人才激励体系，吸引优质师资人才

激励机制的打造是“双师型”教师团队建设的保障，对增强“双师型”教师的职业吸引力，提高“双师型”教师的职业地位有着举足轻重的作用。

高等职业院校要走以政策吸引人、以政策留人的发展路线，在管理条例、考核评聘、职称晋升、岗位津贴、住房等各个方面对“双师型”教师有所倾斜，给予特殊政策。尤其是德国职业教育发展的重要经验告诉我们，充分提高高等职业院校“双师型”教师的地位和待遇是增强其职业吸引力，使高职教师成为人们心向往之职业的社会条件。在德国，职业学校教师作为国家公职人员，与政府官员享有同等的社会地位，能够免缴劳动保险费，不受解雇威胁，其工资待遇最高的可达到大学教授的工资水平，是一般工人工资的1.5~2倍，这还不包括其享受的各种补贴，以及在夜校或企业担任兼职的收入。这样的薪酬待遇使得德国的职业教育教师成为热门职业，充分保证了职业教育教师的整体数量和质量上的最优化。而我国高职教育要想形成这般好的发展局面还有很漫长的路要走，当务之急就是要建立起科学的薪酬管理体系，以吸引和稳定“双师型”专业师资人才。该体系的构建可遵循按劳分配与按能分配相结合的分配原则，重技能、重实绩、重贡献，在整体水平有所提升的基础上，奖优奖先进，真正使“双师型”教师的付出与回报相称，以此增强行业吸引力，凝聚职业向心力，促使更多的高职教师自觉、自愿以“双师型”教师为努力方向，以成长为“双师型”教师而感到满足与自豪。

（五）健全绩效考评模式，激发队伍内在活力

根据《中华人民共和国教师法》和《中华人民共和国高等教育法》中的相关规定，高等学校必须考核其教师，其考核结果将作为聘任、晋升、奖惩的重要依据。为了促进“双师型”教师和专业师资队伍的整体水平实现全面、协调、可持续发展与提高，建立健全高职“双师型”教师考核评价模式显得尤为关键。

其一，要形成符合“双师型”教师特色的考核评价体系。应以教学为重，以“双师”素质为亮点，充分体现高职教育的实践性、应用性。

其二，要以自我评价为基础。按照严格的计划，定期或不定期地对自身的教学和素质发展等各个方面进行全面检查，查漏补缺，以避免管理人员碍于情面而影响评价的真实性，回避管理人员听课等造成教师紧张的心理因素，真正做到对自己的发展状况了如指掌。

其三，要以学生评价为主体。学生是教师教学活动的直接受动者。学生评价应是“双师型”教师评价模式中的核心部分。在评价过程中可多组织学生参加座谈，再形成对教师的综合评价意见，避免部分教师不予接受学生的否定意见。

其四，要以行业评价为参照。就如澳大利亚的行业培训顾问委员会每年都定期评估学校的教学质量一样，要借用行业专家的眼光和评审标准来综合考察“双师型”教师的专业水准、实践技能水平。

其五，要及时给予评价结果反馈。在综合所有考核评价结果的基础上，院校应给予教师及时的反馈，帮助教师认清问题，明确发展目标，适时调整和完善个人职业生涯发展规划。

三、以强化专业技能为重点，健全培养机制

面对现代化科学技术的迅猛发展，高职院校的教育教学要紧跟时代步伐，就要实现“双师型”教师团队现代化，实现高职教师的专业化发展，以能力提升为本位，建立健全高职“双师型”教师团队培养体制。

（一）规范培养规划，完善师资培养管理体系

我国对高职“双师型”教师的培养仍缺乏整体规划，没有形成规范化的培养“双师型”教师团队的制度。德国的职业教育教师专业化程度高的原因之一就在于其以法律、政策等方式规定了“双师型”教师团队培训制度，对参加培养培训的持续性和系统性做了严格的要求。而我国的“双师型”教师培训“项目”虽多，但整体性和系统性不强，培养制度建设需要完善。一方面，可以在结合我国具体实际的基础上，参照发达国家的职教教师培养制度制订出一套系统的高职“双师型”教师发展培养规划，从理论知识的掌握到实践技能的习得，从职前培养到职后的继续教育，乃至到培训时间的需求，例如，规定职教教师每年必须参加一次培训，每两年必须顶岗实习一个月等；另一方面，“双师型”教师团队每一位高职专业教师都应根据其自身素质水平制订贴近自身实际的培养提升规划，并与院校培养规划相结合，进一步明确职业发展轨迹，增强培养实效，实现高职“双

师型”教师团队教师自我实现和职业发展预期的最大满足。

（二）充实培养内容，完善师资培养目标体系

随着我国高等职业教育逐步由规模建设向内涵建设过渡，高职教师也正在由“双师型”教师团队单一型、封闭型、专业型向综合型、开放型和复合型角色转变。社会各界与高等职业教育本身，对高职“双师型”教师的素质能力要求都越来越高。在“双师型”教师的培养培训过程中，培养什么、培训什么的问题也随之受到更多的关注。德国“双师型”教师团队的“双元制”职业教育是以“实践为导向”，故其职业教师培养就坚持理论与实践“双师型”教师团队相结合，突出职业实践能力的综合培养。那么，根据我国高等职业教育的特点和“双师型”教师的基本素质要求，“双师型”教师应接受系统的职业专业理论知识和“双师型”教师团队技能培养，在培养培训内容选择上应包括师范性、职业性、实践性和开发应用性内容。其中，师范性内容即教育教学及师范生技能类课程，强调教育教学素质的培养；职业性内容则是相关职业的专业课程内容，关注职业岗位的专项性；实践性内容是指“双师型”教师团队参加生产、服务等一线工作的实习、见习内容，是在生产现场的工作经验要求；而“双师型”教师团队开发应用性内容更强调创新性思维和发散性思维的培养和训练，以帮助“双师型”教师将专业知识、技能和技术融会贯通，相互渗透、转化，奠定开发创新的能力基础。如今，信息爆炸的时代悄然而至，正如福特公司的首席专家罗斯所言：“对你的职业生涯而言，知识就像鲜奶，纸盒子贴着有效期。工程技术的有效期大约是‘双师型’教师团队年限，如果时间到了，你还不更新所有的知识，你的职业生涯很快就会腐掉。”因此，“双师型”教师需要主动把握各种培养培训机会，适时参加岗位实训，及时吸收新的知识、技术，拓宽知识面，强化职业技能水平，以适应职业工作岗位的发展需求。

（三）创新培养模式，完善师资培养支撑体系

苏联教育家马卡连柯指出：“教育者的技巧，并不是一门什么需要天才的艺术，但它是需要学习才能掌握的专业。”可见高等职业院校“双师型”教师必须通过系统培养来扎实专业基础，提高业务能力，实现专业发展。

以美国的社区学院为例，它实施教师“弹性多元进修计划”，对职业教育教师展开多样化的培养，具体包括研讨会、参观访问、夜校、视导服务、编订课程、专业组织举办“双师型”教师团队会议、休假进修和出国进修，等等。相比之下，我国的高职师资培训模式略显单一，必须进一步拓宽渠道，创新模式，为“双师型”教师培养培训提供更多的机会，搭更为广阔的发展平台。结合我国高等职业院校“双师型”专业师资队伍建设的现状，可以尝试实施四项培养工程。

第一项，立足专业建设，实施院校培养工程。“双师型”教师的培养是一项长期的系统工程，需要有专门的职前培养渠道，实行专业化培养。例如，英国的高等职业教育教师首先必须在大学期间通过系统的、“双师型”教师团队专门的学习获取相应的职业教育教师资格证书，再到职业学校参加教学实习，“双师型”教师团队去企业单位参加一线岗位工作，获得教学、行业技术、管理技能等方面的经验。实践证明，这些专门培养渠道培养出的职业教育教师更能胜任职业教育教学。结合我国高等职业教育发展实况，可以尝试在高校开设专门的职业教育师范专业，联合相关企事业单位和高职院校，共同实施以高等学校为主体的高职专业师资职前院校培养工程，可实行本科与教育专业硕士连读的方式。在本科阶段“双师型”教师团队的四年中，学生主要学习教育理论、师范技能、职业教育的基本理论知识、教学论，并参加一定的教育实践；其后的专业硕士学习阶段，学生选择具体的专业方向，利用一年半的时间集中学习所选专业的理论知识，并参加企事业单位的顶岗实习，最后半年则前往高职院校参加教学见习和实习。需要强调的是，学生在企事业单位顶岗和高职院校实习两个环节的学分应等于或高于其在校就读所有课程的总学分，以突出专业技能和教学技能的重要性。

第二项，依托校企合作，实行行业培养工程。“双师型”教师团队面向企业、面向生产，是高职教师提高自身“双师”素质的根本出路。德国采取“双师型”教师团队的“双元制”模式就是“一元”为高职院校，另“一元”为企业；瑞士采取“三元”模式，其中，三元分别是政府、高职院校和企业。

“三元”的共同之处在于都有企业的广泛参与，这种参与不仅体现在职业院校的学生培养上，更体现在职业教育专业教师的培养和发展上。因此，我国“双师型”教师的培养培训必须建立起深层次的校企合作机制，努力形成行业、企业广泛参与的良好师资培养机制。首先，要自主开发和嫁接企事业单位实践基地。一方面，高等职业院校可以与全国或当地比较知名的企事业单位建立联合机制，在生产一线挂牌，将企事业单位发展成为学校定点实践基地，安排教师分批分专业实训，实现长期合作；另一方面，有条件的高职院校可以仿照医科大学办附属医院的模式，附设相应企业，统一由校方管理，这样不仅可以有计划地安排本校专业教师前往企业实习锻炼，也可以从企业聘请优秀技术人员担任兼职教师，有效保证专业教师实践锻炼机会的同时，还促进了兼职教师队伍的稳定、持续发展。其次，要建立专业教师顶岗实践制度。教育部曾在 2006 年颁发《关于全面提高高等职业教育教学质量的若干意见》，明确指出要“增加专业教师中具有企业工作经历的教师比例，安排专业教师到企业顶岗实践，积累实际工作经历，提高实践教学能力”。这要求高职专业教师尤其是缺乏职业实践经验的青年教师直接进入职业现场，与实际生产“零距离”接触。高等职业院校可与企业达成长期协议，由企业空出一些工作岗位给高职专业教师，由高职院校计划性地安排本校相关专业教师轮流顶岗，接受培训。这将真正有助于高职专业教师将理论付诸实践，在全真的实践环境中切实锻炼，提升技术实践能力，提高“双师”素质。最后，鼓励和支持“双师型”教师参与企业、科研机构技术开发和专业实训室建设。“双师型”教师除了要有扎实的理论知识、熟练的技术能力外，还要有一定的技术开发和推广能力。为此，高职专业教师完全可以尝试着参与企事业单位和科研机构的科研开发项目，参与企业的专业实训室建设工作，承揽企业的科研项目，在帮助企业解决实际问题的同时提高自身的科研和技术开发能力，深化校企合作，实现企业、教师与高职院校的同步“三赢”。

第三项，锻造特色品牌，实施校本培养工程。所谓校本培训，是指一种在教育行政部门和有关业务部门的规划与指导下，以教师任职学校为基本培训单位，以提高教师教育教学能力为主要目标，把培训与教育教学、科研活动紧密结合的继续教育形式。它能够最大限度地发挥高职院校自身的资源利用率，广泛调动高职专业教师的积极性和主动性，有目的、有计划地提升教师素质、提高教学质量。第一，推进“以老带新、以优带新”制度化。这种方式是多数学校在培养新教师和青年教师时常用的方法，利用本校现有的优秀“双师型”教师指导培训青年教师，开展分类赛课评比等活动，鼓励推动新教师、青年教师快速成长。第二，提倡因材施教，针对性地开展专业教师培训。高职院校要遵循教师成长发展的规律，根据自身的教学资源特点和专业师资队伍发展规划，分层、分类、分阶段培训本校教师。例如，根据不同的教师群体特点，安排不同系列的项目、专题对本校专业教师实施培训等。第三，鼓励专业教师开发校本课程。校本课程是学校根据本校的教育哲学，通过与外部力量的合作，采用选择、改编、新编教学材料或设计学习活动的方式，并在校内实施、建立内部评价机制的各种专业活动。专业教师参与到校本课程的开发中去，一方面可以促使其发挥自主能动性，努力采取一切教育手段，将职业专业的文化知识和技能传授给学生，另一方面也促使其培养自身教育素质，系统梳理自身知识结构，努力钻研专业理论，自觉走向生产现场，实施教育实践，参与教育科研，从而不断提高教育教学质量，增强教育教学自信。

第四项，拓展培训空间，实施跨国培养工程。国外的职业技术教育发展历史悠久，无论是其办学体制还是师资培养方面，都走在我国前列，其丰富的经验值得学习和借鉴。例如，德国“双元制”职业教育对教师培养以严格化的控制来实现高质量，美国较早就制定了职业教育资格认证制度，实行达标教育，等等。可以说，国际化培养是高职专业师资面向世界的重要途径，是其职业培养平台的一种提升。因此，教育行政部门和高等职业院校可直接派遣专业教师到国外参加培训；可以与国外一些职业大学联系，达成长期的合作项目，定期组织互换教师，“走出去”和“引进来”并驾齐驱；也可以是直接与企业联系，参观国外在生产技术上具有代表性和先进性的企事业单位，等等，形式多样，目的明确。随着这一国际合作空间的开拓，我国高职专业教师将走出国门，真正接触到国外发达国家的职业教育，汲取先进的职业教育理念，掌握世界领先的职业技术、技能，从而有效开阔眼界、拓展思路、拓宽知识面，实现快速发展。

当然，上述四大高职教师培养工程应是一个密不可分的有机整体，相互联系，相辅相成。它们的有效实施共同对高职院校专业教师提升职业素养，跻身“双师”之列，成为“技高”之师发挥积极作用。

（四）狠抓基地建设，完善师资培养网络体系

我国高职院校仍存在着专业师资队伍整体素质不高、“双师型”教师不足等问题，根据教育部的相关规划要求，高职“双师型”教师队伍的发展任务仍十分艰巨。虽然各高职院校纷纷利用校内的各种资源为专业教师的发展提供一切可能的条件和机会，但多数学校设备陈旧，难以满足专业教师对高新技术、对先进理论的需求。为此，教育部已在全国各省市有条件的地方建起了一系列国家级和省级高职高专师资培养培训基地，承担对现有高职专业教师职前、职后的集中培训的任务。然而，这些覆盖了30多个省市的培养培训基地并没有成为高职专业教师修炼“内功”的向往之所，国家精心策划与规划的高职师资培训网络也并没有得到充分的开发与利用。要改善这一现状，进一步加强基地建设是必然选择。

首先，基地建设要努力实现社会化发展。要改变目前基地建设以学校为主体的状况，将培养培训的中心逐步转向社会，转向相对应专业的企事业单位，与社会各界形成一定的联系机制，共同把脉高职“双师型”教师的发展现状，找准专业师资培训的突破口，为培训教师提供实践提升的见习和实习机会，从而切实提高高职教师参加基地培训的实效性。

其次，基地建设需要不断推陈出新。要紧密结合高等职业教育和社会职业发展赋予“双师型”教师的新使命、新任务、新要求，尊重受训教师的意愿，灵活把握培训内容和培训方式，不断推出符合时代发展需求的、具有吸引力的培训项目，最大限度地满足受训教师的自身发展需求和愿望。

再次，基地建设要始终保持代表性和先进性。基地拥有的各项生产技术、实训设备都应在全国至少是本地区具有代表性和先进性，专业培训师的聘用也应具有一定的权威性。

最后，基地建设要通力实现网络化。各基地之间要充分利用互联网等先进技术，增加基地间的沟通、培训师生间的交流，形成高职“双师型”

专业师资培养培训网络，使得专业师资培养更具开放性、灵活性。

（五）拓宽经费渠道，完善师资培养保障体系

经费是“双师型”教师团队建设持续快速发展的重要物质基础。培养经费不足已严重影响“双师型”教师培养培训工作的顺利开展。我们不妨借鉴澳大利亚的职业教育投资体制，在政府拨款为主的前提下，走政府、企业、行业和个人多元化投资主体的路线。目前，澳大利亚 TAFE 学院的经费来源主要分为四类，即证书课程计划专项经费（占总经费来源的 60%左右，其中，80%为政府投资，学院个人或用人企业支付 20%）、用户选择培训项目（占总经费来源的 20%）、培训招标项目（占总经费来源的 10%），以及完全商业运作的培训项目（占总经费来源的 10%，完全由学院按照市场机制获得）。这样的多元化发展投资主体，无疑为职业教育的经费筹集带来了活力。我国除了各级政府在教育经费划拨的过程中增加对高职教育的投资外，各高等职业院校也可尝试设立专业“双师型”教师培养专项基金。基金用以支持专业教师参加培训、进修，鼓励教师考取职业技能资格证书，奖励优秀骨干“双师型”教师，从而保障“双师型”教师团队建设工作顺利开展，避免高职院校以资金紧张为由拖沓专业教师培养培训工作。基金的资金可以以国家拨款为主，以高职院校为企业提供有偿服务为辅，同时可号召各企事业单位或个人捐款等。在评估“双师型”教师团队建设中，该项基金的建立和运行情况应纳入考量。

四、以建设教学团队为抓手，优化队伍结构

目前，我国高职院校“双师型”教师团队的水平既没有达到教育部规定的双师比例占 50%的基本数量要求，也没有能充分满足高职教育发展的质量要求。因此，教育行政部门和高等职业院校要刻不容缓地制定政策、采取措施，优化队伍结构，促进“双师型”教师团队建设。

（一）依托教学团队，建设人才梯队

组建高效、有序的“双师型”教师团队是学校建设的战略性基础工程，对自我完善、提高现阶段高职专业教师，优化师资队伍结构具有重要意义。

一般来说，专业教学团队的特征主要体现在四个方面。

第一，团队师资来源多元化。他们包括优秀“双师型”骨干教师、高职专业教师、兼职教师、高等院校毕业后到校任教的新教师，等等，都在努力使自己符合“双师型”教师标准。

第二，他们各有特长，既有专业理论扎实的专任教师、兼职教师，也有具有较强创新意识的青年教师等，尤其在承接某些项目时，有助于一部分骨干型教师脱颖而出，有助于积极引导团队青年教师增强自我发展的意识，引导其在学历提高、上岗培训、业务水平提高等方面，用“新信息、新理论、新知识、新技术、新技能、新方法”充实自己、塑造自己、锻炼自己。

第三，团队整体目标一致。即要提升团队的整体工作效率和教学水平，培养适应社会经济发展需要的一线应用型人才，这一共同愿景的确立将激发起团队成员自我发展、自我提升的积极性，凝聚团队的向心力。

第四，团队发展持续和谐。团队加强理论学习探讨，提升实践技能，能较快地形成传、帮、带的学习风气，发挥老教师、骨干教师的指导性作用，使中青年教师在更新知识、拓展技能、提升教学能力等方面具有更突出的特征和专业特色，从而打造一支可持续发展的“双师型”专业教学梯队。因此，各高职院校可根据学校专业师资的现实状况，将建立“双师型”专业教学团队纳入“双师型”教师团队建设规划，酌情制定相关的团队建设与管理办法，广泛调动专业教师的积极主动性，以加快建设和发展“双师型”教师人才梯队。当然，建设“双师型”教师团队并不是一蹴而就的，也少有前人成功的典范可以借鉴，需要高职院校的不断探索与实践，进而使之逐步走向规范化、制度化和科学化的发展轨道，以适应高等职业教育的快速发展和现实需求。

（二）发展兼职队伍，广开师资才源

兼职教师是高职“双师型”教师团队的重要组成部分，是沟通教育与职业、学校与企业的重要渠道。数据资料显示，在英国的职业教育师资中，兼职教师占63%，澳大利亚TAFE机构中兼职教师的数量达到了2/3，发达国家的经验告诉我们，加快兼职教师队伍建设应是我国高职院校专业师资

队伍建设“广开才源”的重要途径。

（1）依托校企合作，创建人才储备。企事业单位是“双师”素质教师的聚集地。要改善当前我国高职院校专业师资队伍兼职教师比例小、质量不高的现状，必须要走出去、引进来，依托企事业单位，主动创建高职院校兼职教师的人才储备库。

首先，政府部门应出台相关扶持性政策。一方面，可落实一定的专项资金或编制，用于兼职教师的课时报酬及队伍发展，以吸引社会人才投身高等职业教育事业；另一方面，明确企事业单位向高职院校提供兼职教师的责任和义务，鼓励、帮助社会上各行业的优秀人才任教高职。

其次，高等职业院校要广开门路，广纳贤才。要改变师资来源以高校毕业生为主的传统做法，以 1/3～2/3 的比例要求聘请兼职教师，实施吸纳社会、行业优秀人才的优惠政策；要建立外聘教师信息网，扩大兼职教师的选择范围，择优录取；要根据院校的实际情况，设立特聘教授岗位，将企事业单位的技术权威人士引入学校的专业师资队伍，实现专业师资队伍知识技术与经济发展同步，甚至超前，以此不断激发专业教师自觉提升业务水平的热情和动力。当然，兼职教师任教必须保证具有相对的稳定性，以减少教师之间、师生之间的磨合期，确保高等职业教育的教育质量。

（2）健全管理机制，强化岗位管理，严控准入制度。高职院校兼职师资队伍的管理是充分发挥兼职教师作用、提升教育教学质量的重要保证。以澳大利亚的 TAFE 机构为例，其兼职教师均来自企业生产、服务行业的一线，必须具有本科以上的学历，受过相关行业的教育专业培训。他们受聘后与学院签订短期工作合同，合同期内必须全天在学校工作。如此严格的管理制度一定程度上值得借鉴。

第一，在选聘上，强调兼职教师的高质量。兼职教师应有本科以上的学历，有丰富的一线实践经验，必须参加教师岗位培训学习，考核合格获得执教资格后，方能任教。

第二，在管理上，注重严把关、重考核。学校要淡化兼职教师的“身份”管理，强化岗位管理，建立起合理的用人机制和科学的分配制度。即使难以如澳大利亚的兼职教师那般全天在学校工作，但也不能将兼职教师视同临时的兼课教师，院校应当规范其工作时间、工作内容，而且定期考核、评议他们的教育教学工作。

第三，在使用上突出人文关怀。高等职业院校的领导要加强与兼职教师沟通交流，尊重和重视兼职教师从事教学工作的各种想法，真诚相待，实现人性管理，凝聚兼职教师队伍的向心力，调动兼职教师积极主动性，使兼职教师主动为教学工作服务，为提高教学质量努力，为高职教育的发展出谋划策。

（三）规范师资流动，推进持续发展

高等职业院校“双师型”教师的流动，若在合理范围内的，则有利于人尽其才，才尽其用，有利于专业师资队伍整体素质的提高，活力和生命力的增强；若在不合理范围内，则将造成人才流失，使高职沦为个人职业生涯发展的跳板，不利于“双师型”教师团队的持续、健康发展。不少学者对当前高职院校留不住人的现象做了诸多分析，大多认为其经济收入是教师流动的主要原因。实际上，研究资料表明，教师将“受人尊重，工作、学习、生活较为自主”和“追求较高的社会地位”作为首选，“追求高收入”仅位于第三位，最关注的还是自身的心理环境和成长环境。因此，规范“双师型”教师流动要从四个方面着手。

第一，要引入现代教师管理制度。一方面将社会竞争机制纳入教师管理，在“双师型”教师的录用、晋升、评价等各个环节坚持公平、公开、民主，体现“优胜劣汰”的理念；另一方面规范完善“双师型”教师的交流、辞职、辞退制度，促进教师队伍的新陈代谢，保持教师队伍持续发展的生命力。

第二，要以社会激励机制为动力，强化高职教师的考核、竞争、奖惩、薪酬等制度，提高“双师型”教师的社会地位，增强“双师型”教师岗位的吸引力。

第三，完善教师劳动力市场，加强政府对教师劳动力市场的宏观调控，健全劳动力市场的运行和服务体系，改善当前教师流动的无序状态，为“双师型”教师团队建设搭建稳定和谐的发展平台。

第四，启动地区教育合作项目，以骨干高职院校为中心，打破地区、

行业界限，实行同类学校或同类专业联合办学，优化专业师资配置，实现资源共享机制，改善“双师型”教师地域分布不平衡的状况。总之，高职院校“双师型”专业师资队伍的建设是一项长期的、复杂的社会系统工程。这要求我们以辩证的眼光看待它，一方面，我们不能把“双师型”教师团队建设过分理想化、简单化，而要正视队伍建设存在的不足；另一方面，我们也要认识到“双师型”专业师资队伍建设的独特性和可行性，看到希望所在。

第八章　高校产教融合人才培养模式支持系统构建

第一节　建立高校产教融合政策支持系统

我国在校企合作、产教融合等方面的相关法律法规还不够完善，虽然国家已经开发出如《职业教育法》《社会力量办学条例》等在内的法律和法规，但总的来说，高校仍然得不到法律较完善的保护。1999 年至今，我国进入全面发展大众教育的阶段，地方本科院校的办学目标发展为逐步培养服务地方经济和社会发展的技术型人才。产教融合已成为提高高校人才培养水平的关键环节，然而，与校企合作、产教融合配套的政策文件仍然一片空白。职业院校需要相关法律政策支持时只能参考职业教育校企合作的法律法规和政策。研究现有的政策、法律和法规，可以得出：在现有的职业教育校企合作相关的法律法规和政策中大部分属于国家政策，法律和法规规定缺少；规定性较多，实际可操作性措施太少；教育部门文件较多，其他政府部门和合作企业的文件较少。国外校企合作的成功经验告诉我们，一套严谨的、可操作的法律和法规，是校企合作、产教融合的基本保障。

一、产教融合法规制定的必要性

完善的法律和法规对产教融合有序发展起到了重要的监督作用，使产教融合真正做到了有法可依、违法必究。国外许多国家都有一套完备的法律监督体系，对产教融合的各个方面实施全方位的监督，其中，比较典型的是德国和美国。德国对校企合作、产教融合的管理主要是通过立法的形式来监督，法律和法规体系比较完备，结构紧密，相互协调，全方位保障监督、经费、政策落实。德国政府及其行业组织发挥了监督、评价和指导的作用，经多年的经验验证，该法律和法规对校企合作、产教融合发挥了重要作用。

德国政府规定，联邦和地方政府有权监督企业和高等院校，同时明确相应的行业组织有监督企业和高校的权力，工商业协会成为产教融合的主管部门。行业协会有权对产教融合机构和部门进行监管，对产教融合的发展有着特殊的作用。行业协会的职能是规范行业的生产和销售行为，保护其成员的生产和生活的利益。德国政府已成立了产业合作管理协会，可以控制并监督企业和高校。同时，由行业协会制定统一的职业教育能力要求，为企业和高校建立专门的管理组织，为合作顺利进行提供了保障。德国政府在《职业教育法》中通过立法形式限制了培训合同的地位。职业培训合同是建立产教融合的重要内容，在职业教育体系中，学生进入企业之前，需要进行职前训练，必须要与符合一定资质要求的企业签订明确的培训合同，合同需要根据法律的规定，详细规定培训方法、目的、内容和时机等。德国职业教育校企合作的各个方面都有一套包括立法、司法、行政和社会的监督，使德国职业教育产教融合实现依法治教、违法必究，使得产教融合健康、有序地发展。

美国产教融合的法规对政府、企业、高校给予严格的监督，高度重视产教融合制度。美国早在1962年初就组成了国家级合作教育管理协会，该协会由教育专家和知名企业家组成。20世纪90年代，美国成立必要技能部长理事会，目的是监督学生是否掌握了在未来职业上所需的高效技能。在过去的每一次改革中，美国政府都率先启动法律程序，用法律手段来规范教育的改革与发展，大大促进了高校与企业之间的合作。每部教育法都对项目进行严格规定与管理，规定分配经费、使用经费、监督等。日本的《产业教育振兴法》和《职业训练法》均有违法处罚措施的规定，违法者需要被起诉。国家想法和意愿、高等教育发展是产教融合的理念，时代背景和实际面临的问题是产教融合的根本。政府的客体是政策和立法，产教融合的法规强调各级政府的权力，建立一整套职业能力发展体系，从中央到地方，既有利于现有的法律和法规，又能宏观管理。

经费保障是产教融合得以持续发展的重要因素，企业、高校需要源源不断的资金以继续合作。各级政府、高校、企业都应设立专项资金，并颁布税收优惠政策，以有效地保障校企合作、产教融合的发展。许多国家通过颁布一些产教融合的法规来保障经费的来源。德国有关校企合作的法规规定职业教育的所有费用均由国家承担，德国企业也将拥有培训过的员工作为企业生存和发展的先决条件，愿意承担在工厂培训的学生的所有费用。因此，在德国的高校和企业之间进行合作的经费是政府和企业共同承担的。

产教融合法规的制定是助推国家、地方颁布产教融合政策的有力途径，企业、高校之间能否保持深度合作依赖于一国法规的要求。产教融合法规可以使产教融合的政策更加具体、明确、可行，可以使产教融合中需要的人力、资金、设施及运行得到根本的保障。目前，我国有关产教融合的法规还没有建立起来，政策扶持力度有限，不能完全适应产教融合发展的实际要求，且由于体制的问题，产教融合、校企合作的政策也难以落实。只有当产教融合法规逐渐完备，对政策、体制等层面加以保障，才是产教融合得以长远发展的根本。

二、推进产教融合法规制定的具体路径

近年来，我国的中央和地方政府积极倡导“以服务为宗旨，以就业为导向”的教育发展思路，并颁布了一系列的政策，促进产教融合的深入发展，但国家颁布的立法较少，关于普通本科高校产教融合相关工作的解决方法缺乏相应的法律规范和标准。产教融合主要利用高校和企业或科研机构和企业的不同合作方式，展示各自的优势和实力，根据资源共享、互惠互利的原则，一边培养实践型人力资源，一边发展科学技术。教学型院校运用的“合作科教”方式，不能达到企业的要求。运用“合作科教”方式的目的是培养一批具备创新能力且高级技术的实践型人力资源。在资源可以共享的基础上，没有做到互惠互利，也没有国家的宏观政策和法律保障，一切美好的“合作科教”方式都不会长久发展下去。我国现行的政策与国外政策不一致，我国通过减少职业教育税费来支持教育。当收取职业教育税费后，企业为国家、社会培养人才的责任和义务就荡然无存了，企业可

接纳学生参与实习培训，同时也可不接纳。假设我国改变这项政策，向国外学习，即不收取或少量收取教育附加费用，并作特殊规定，对于减免的教育附加费用的用途加以约束，企业为国家、社会培养实践型人才的责任和义务也就不存在了。

产教融合在德国、美国、韩国、日本等国家得到了较好的应用，各个国家的法律、法规和政策均予以支持，鼓励企业积极参与产教融合，及时规范关于产教融合中企业和高校的权利和义务，政府在政策、财政等方面都给予大力支持。如德国政府自1950年相继颁布了《企业基本法》《高等学校总纲法》《劳动促进法》《青年劳动保护法》等10余项法律和法规，规定了产教融合中高校和企业各方的责任和义务。我国政府应该加快立法工作，早日实现产教融合的法治建设。

国家和政府应该加强宏观管理和指导，鼓励行业、用人单位和高校参与产教融合政策和法规的制定，如制定有关鼓励行业、企业参与产教融合实践型人力资源培养和产教融合研究促进方面的法律和法规，利用法律法规进一步限定政府、企业和行业在产教融合培养实践型人力资源的权利与义务，特别是对参与产教融合的行业、企业，对其参与培养实践型人力资源的性质和地位作出具体规定，为其提供政策和法规的保障。目前，我国的不同地区、不同层次的产教融合在不断尝试和实践，这些实践将为建立标准化的产教融合提供了宝贵的经验和基础。

宁波市颁布了《宁波市校企合作促进条例》，其产教融合开展得很好，也发挥了重要作用。该条例明确了校企合作的运行规则，促使市、地方政府建立了校企合作开发专项资金，还助推了其他省市制定产教融合法律和法规。产教融合运行较好的国家，除了制定国家级法律和法规外，同时也制定省级和地方的具体的法律和法规。如加拿大的阿尔伯塔省制定了《学徒制与产业培训法》，规范了学徒制和产业界，加强了培训学徒工作。各级政府应充分利用当地的优势开发一个可行的和适用的产教融合法律和法规，更适应当地经济发展的实施细则，建立可行的产教融合标准，支持和引导普通本科高校产教融合的长期机制。我国政府需要尽快制定并颁布普通本科高校产教融合的专门法律和法规，更深入地明确产教融合中高校、企业和学生的权利、义务及互相的关系，维护双方的合法权益，限制产生机会主义的可能性，努力减少产教融合的成本。及时有效的法律和法规建设将有助于产教融合制度化教育建设和良性运行。

虽然我国先后共制定了关于产教融合的法产教融合法律和法规，如《中华人民共和国教育法》《中华人民共和国高等教育法》等，但法规政策缺乏强制力，条款和规定相对零散。我国可以建立特殊的和专门的产教融合法律和法规的实施条款，以法律的形式来规范产教融合的良性运行。

在法律的监督下，政府应该依据区域的实际发展现状，建立健全产教融合支持系统，通过建立产教融合各级教育管理协会以加强指导和协调。一个现代企业人才培养工作的特点应是建立现代企业教育制度。制定职业等级标准辐射现有就业准入制度，改变现有的就业准入制度的现状，健全就业准入制度。各级政府应该加强对产教融合法律和法规的重视程度，加强监管，使我国普通本科高校产教融合的基本政策和法律保护得以正常运行。目前，产教融合立法在我国仍处于起步时期，相关法律法规和政策仍存在着缺乏配套的实施细则、良性制度保障和协调监督机制的情况。政府应该尽快制订企业参与产教融合的税收优惠、允许企业捐赠教育资金的30%~50%抵扣企业所得税等具体措施，使企业对高等教育投资的热情高涨。政府和行业需要共同制订实施细则，包括奖励、惩罚、企业承担的义务和责任。政府和行业共同制订有关政策，用以支持企业更深入地参与到产教融合中。

第二节　建立高校产教融合经费与财税支持系统

我国产教融合发展的主要障碍是缺乏财税的支持。为了促进产教融合的顺利开展，我国各级政府除了设立专项资金之外，还应颁布税收减免政策，设立产教融合贷款及创新资金，建立风险投资机制等，从而促进产教融合的长久发展。目前，产教融合发展较好的国家通常选择减少直接拨款比例，增加财税、金融方面的间接资金来支持产教融合。经济优惠政策包含资金优惠政策和税收减免政策。资金优惠政策的主要途径是建立风险投资基金、设立专项贷款制度、实行资金保障、发行股票和债券筹资等。税收减免政策主要包括减免新产品税和科学技术投资税等。除此之外，加速生产资料折旧也是许多国家制造业采用的刺激企业投资创新发展的办法，其实质是提供无息贷款给企业，即利用减税的方式来回收成本，同时将节省的资金用于新的投资项目。德国基本法明确规定将从国内生产总值中拿出一部分用于保障产教融合资金的周转。澳大利亚政府参与融合，对接受学徒的公司提供资金援助，扩大了资金支持渠道，使企业生产和教育更好地融合。不仅国家将大力为企业筹措资金，企业也积极地提供资助。有些国家做出相关规定，企业每年要拿出一部分资金，再由政府统一发放。多渠道的资金来源增强了发达国家产教融合经费来源的保障能力。韩国的科技技术创新体系由政府、企业、高校、科研机构组成。韩国政府制定了大量的财政补贴和税收优惠政策，加快技术创新，且为了促进技术发展，逐渐扩大科研技术渠道。例如，允许将企业利润的20%作为研发投资，并保证在前两年可以将此资金作为损失处理。为提高资源利用的效率和科学技术的研究和开发率，改革政府的科学研究体系，把研究所从政府部门分离开来。为了加速工业技术创新的步伐，研究所逐步私有化，政府支持的项目资金逐渐减少。政府鼓励一些实力较强的企业建立自己的研究机构，可以适当减免应缴税款。

一、建立多渠道的经费保障机制

为了促进普通本科院校生产、教学一体化，我国各级政府、大学、企业应当建立产教融合教育专项资金。首先，要明确各级政府的责任和投资的比例，逐渐从设立的产教融合专项资金中支出。其次，要建立一个稳定的金融投资增长机制，根据职业院校教学的实际需要增加财政投资比例，以确定发展目标与职业院校及其财政支出的一致性。各级政府在中国也可以建立产教融合政府教育奖励基金，鼓励多层次合作，奖励在教育中有突出表现的企业和个人。目前，中国浙江、重庆和其他地方，已经由政府建立产教融合教育专项资金，支持和奖励实施产教融合较好的优秀用人单位和高校，保障了参与者的利益，也取得了令人瞩目的成绩。设立产教融合专项资金，是当今许多发达国家支持高校、企业互相合作的重要途径。如美国、英国、德国、澳大利亚等都把设立产教融合的专项资金作为长久发展的标志，还把其相关规定写到法律和法规中。美国国会通过的《高等教育法》规定，拿出一部分资金来支持、鼓励产教融合的发展，将有关产教融合的教育资金作为单独的事务，重点管理。英国政府拨出125亿英镑，促进项目的发展，这一举动受到高校和用人单位的一致欢迎。在有限的政府开支条件下，我们的大学应积极倡导设立专项资金来支持产教融合的开展，用于建设人才培养基地，支持高校和企业共同研发课程，支持教师参与产教融合实践的项目。高校筹备资金有两种途径。

第一，大学和地方政府之间开展合作项目，设立产教融合的生产和教育创新基金，为参与项目生产及教育的高校教师和学生提供援助，包括实践基地基础设施支出、课题经费等；大学可以和企业及政府部门签合同，从而获得横向课题研究的经费。

第二，大学还可以吸收社会力量，获得各种私人、企业、团体的捐赠，如校友基金会，促进政府和社会力量的结合，形成一个强大的教育保护机制。资金是一个企业生产得以正常运行的关键因素。中国政府应鼓励企业建立产教融合专项资金，进而促进产教融合深层次的发展。企业设立特别基金有三种方式有。一是对与企业合作的高校提供励志奖学金、产教融合专项基金；二是对到企业有过实践培训的教师与学生，提供相应的薪酬；三是企业要按规定时间交付一定的资金，该资金用于企业培训，由政府统一发放。

根据专业培训的时间、地区和规模的差异，企业可取得的资金也应有所区别。良好的环境，是鼓励、引导企业大量投资、产教融合可持续发展的重要条件。国家有关部门应该成立一个产教融合专项贷款，专注于培养具有社会主义市场经济产业化发展前景的创新集成的项目。对那些周期较长、资金需求较大、企业扶持困难的高科技项目，提供必要的配套资金，还要建立相应的审查和监管机制。产教融合创新资金是用来促进初创业阶段的中小企业与高校合作的。对创业初期的中小企业来说，融资是非常困难的，创新资金的设立是非常必要的。产教融合创新资金是企业能够前进的动力，奠定了与高校合作的基础。中小企业专项资金主要采取财政拨款的方法，50%~60%是由中央财政支持的项目，其余部分由地方政府和企业提供。专项资金还用来支持大型企业与高校开展合作。这主要针对虽然有一定创新资源和能力的大型企业，但往往缺乏合作创新的动力来支撑。大型企业的专项资金，可以通过免费或补贴贷款，加快高校与企业更高层次的合作。风险投资对互联网科技产业的发展具有十分重要的意义。风险投资主要依靠政府的财政支持对一些中小企业进行项目上的支持。我国政府对风险投资还缺乏一定的认识，支持产教融合风险投资方式几乎没有涉猎，所以我国应大力开展风险投资的业务，避免给参与主体造成不必要的损失。各级财政每年应拨出一部分专项资金作为产教融合科技风险基金和贴息资金，来保障企业的发展，风险储备基金允许从风险投资机构的投资总额中提取、使用。美国政府为了鼓励产教融合的产业投资，大力促进私人风险投资的发展，从实践的角度来看，政府未正式组织和运行风险投资，但借助优惠政策的方式为风险资本投资提供了法律保障，使风险企业的所得税率在短短 10 年里从 49%降至 20%。其具体做法是风险投资额的 60%免除征税，其余的 40%缴纳 50%的所得税。该措施的实施，使风险投资在 20 世纪 80 年代初，以每年 46%的速度增长，由于风险投资的参与，促进产教融合科研成果转化的周期从原来的 20 年缩短到 10 年，进而激发了美国风险投资的高速和高质量发展，促进了美国经济的高速和高质量发展。我国应加快建立产教融合风险投资 360 评估系统，建立一个可操作的、科学的、有效率的评价程序，最后在某种层面上识别和控制风险。

二、构建全方位的财税政策支持体系

产教融合的迅速发展，使财税政策支持体系的建立迫在眉睫，体系的具体内容包括三个方面。

第一，积极引导企业主动参与产教融合，政府需要建立一个全方位的财税政策支持体系。鼓励行业组织、企业参与高校的培训，参与企业可享受减免土地税等待遇，政府对参与产教融合发展的大、中、小企业都要给予一定的财政补贴和支持。

第二，高校教育基金应按职工收入的 1.5%～2.5%提取，在政府的统一管理和分配后，纳入产教融合专项基金中，剩下的资金直接退到高校。

第三，政府应该顶层设计、宏观管理企业税收政策，弥补企业参与生产和教育的支出成本。

政府需要在企业的增值税、所得税和教育的附加费和营业税等方面上给企业一定的税收优惠政策，调动企业的积极性，让更多企业参与到产教融合中，培养出更多拥有高素质的技能人才。许多发达国家通过税收优惠促进政府和中小企业、高校建立合作关系，使企业、高校之间产生相互依赖和信任。如英国政府规定投资每年超过 50000 英镑、年营业额不到 2500 万英镑的中小企业，享受减免 15%的税收优惠待遇；与高等院校合作没有盈利的中小企业，可以提前申请税收抵免，相当于使 24%的研发资金重新返回到企业手中。

企业可以通过安排学生到企业参加实践，培养学生的实际操作能力，以减免教育税收，当然，这是在企业与高校签订计划的前提下。许多发达国家均制定了相似的税收调剂政策，即规定各个企业使用应缴增值税额的 0.5%～2%来帮助高校培养学生的实践动手能力，这是企业为国家、社会培养人才的责任和义务。假设企业不能履行这个责任，其应缴增值税额的 0.5%～2%不但需要补缴，而且要接受一定的处罚。德国政府为了促使企业积极地参与到产教融合中，也给予公司一定的税收优惠政策。企业在培训学生时，必然产生基本的生产成本，对这部分的教育费用和成本费用，税收全部减免。无独有偶，加拿大政府也通过退税政策鼓励用人单位与高校密切合作，以确保产教融合活动顺利开展。我国应尽快建立一个全方位的财税政策支持体系，鼓励企业与高校深层次的合作，减少产教融合各方的直接成本支出，为产教融合的顺利达成和正常运行提供基本的保障。

第三节 建立高校产教融合组织支持系统

《国家中长期教育改革和发展规划纲要（2010—2020 年）》指出，“建立健全政府主导、行业指导、企业参与的办学机制，制定促进校企合作办学法规，推进校企合作制度化”。高校、企业之间的发展当然也需要制度化和规范化。由于目前产教融合体制不完善，缺乏有力措施来规划、布局，所以产教融合的效能还未发挥。只有通过建立产教融合的组织运行管理机构、健全产教融合制度保障，才能解决政策制度不到位等实际问题。

一、建立产教融合组织运行的管理机构

在企业与高校的合作过程中，会涉及许多职能部门，这些部门中出现利益争夺时，必须建立一个专门的产教融合协调机构，让其来解决各部门出现的难题，协调产教融合中出现的各种矛盾，从而保障政府、企业、高校的正常运行。

产教融合协调机构的主要功能有两个。

（1）协调企业、高等院校等多个主体之间的利益，在资本投资、合作方式和产教融合创新的渠道上，提供具体的细节管理和协调，监督生产和实施项目。

（2）联合政府部门、高等院校，大力开展产教融合创新的相关理论研究和政策分析，制定实用和有效的政策措施，促进产教融合的顺利开展。

国外产教融合发展好的国家都成立了专门的产教融合协调机构，用来管理和沟通学校、企业和行业之间的工作。例如，德国的产业合作管理协会，监控和监管企业与高校的所有事务；韩国的产学合作科，全面掌控合作中的所有问题；美国早在20世纪60年代时就建立了美国合作教育协会，用来负责各主体之间的关系。

通过上述成功的案例可以知道，深入开展产教融合的关键则是由教育、财政、行业等部门统一联合建立产教融合决策与执行管理协会，共同为高校产教融合搭建平台，负责统一调度的工作；积极沟通政府、高校、企业之间的相关信息，负责高校、企业双方的沟通；寻找更多企业与高校合作；监察产教融合的过程，必要时实施奖惩。

产教融合教育决策管理协会和产教融合教育执行管理协会构成及其任务主要有两项。

第一，产教融合教育决策管理协会由政府牵头，构成部门分别是教育、

财政、发展等部门，推进产教融合工作协调指导小组的作用，加强部门之间的统筹协调，形成政策合力，尽快发布促进产教融合的指导意见。产教融合教育决策管理协会是做决定的组织，其任务是研究高校产教融合发展形势，规划高校发展目标和内容，协调各主体间的利益关系，制订并落实政策，检查和推进教育工程的发展。在允许的情况下，企业、高校和第三方服务机构代表也可成为产教融合教育决策管理协会的成员。

第二，产教融合教育执行管理协会可由政府相关职能部门的成员和第三方服务组织构成。该管理协会是落实并实施产教融合教育管理协会的相关计划、目标、任务，与各大高校、企业经理、行业经理和第三方中介组织的经理通过开会讨论、洽谈等形式确定可实施的项目、伙伴及实现双赢的途径。

产教融合的有效发展是建立在组织保障的基础之上的。然而，在实际调查过程中发现，大多数职业院校目前还没有专门负责产教融合的协调机构，其产教融合行为很多处于自由、散漫的无组织、无人管理的代管状态中。正是基于此，高校应逐渐建立专门的产教融合协调机构。由学校设计规划，组建“行、企、校”为一体的产教融合协调机构，以此为平台，以促进“行、企、校”合作主体间的紧密衔接、深度合作。按照严格的标准和要求，可建立三个管理协会。

第一，教育规划和专业设置管理协会，其责任是把握行业的发展动态和国内外高校教育发展前景，从宏观方面指导高校的总体发展方向；提供行业标准、岗位能力目标，研究主要设置、课程发展、教师队伍建设等；全面掌握高校、企业目前面临的问题。

第二，师资协调管理协会，基于企业、学校协调的前提下，建立校企人事工作轮换制度、互相聘用制度等；建构“请进来，走出去”的教员互动机制，形成一个稳定、共享、高产教融合的数据库。

第三，项目管理协会，管理所有事务过程中项目的合作，主要包括：一是项目的过程管理，包括发起、计划、规范安排；二是项目资源管理，其一，人力资源管理，包括合作对象的人数、责任、事务、管理费等；其二，资金管理包括成本分布、年度利润分享、合作的预算和结算等；其三，材料设备资源，包括常用的合作办公设备、教学设备、培训设备的合理使用和适当的管理。

大多数企业设立组织机构是为了企业的经营，产教融合协调机构在企业中设立比较罕见，正因为如此，在某种意义上来说，妨碍了高校与企业之间的联系和发展。企业应设立专门的产教融合组织管理机构，按照规章制度来承担其应尽的义务和责任，鼓励高校学生与教师到公司学习和进修，为各大高校提供训练场地、基本设施，规定特定人员，做好安全讲解；利用好高校的优秀人才资源，与高校开展产品研发与攻关，为企业未来发展打下坚实的基础；将企业的需求融入产教融合发展过程中，通过制订目标、联手培养优秀人才，并提供基础设备支持等途径，与高校联手，共同培养满足经济发展的必要人才。产教融合协调机构不仅能为企业节省人员招聘费用、缩短职工工作时间、降低职工流失的风险，还为企业带来巨大的利益诉求。

二、健全产教融合制度保障

政府应该建立专门的产教融合监督检查机构，让相关部门监管和评估产教融合项目及其实施情况。同时，监督检查机构应努力构建顺畅、监管有力的产教融合监督检查工作体系及长久的监管工作机制，加快监督检查工作的制度化。除此之外，监督检查机构还应不断完善监督检查方式、方法，将有力的监督检查工作落实到产教融合的各个环节中，以助推产教融合监督检查工作的科学化。政府还应建立产教融合的评估体系，制订科学的评价标准，建立严格的评估过程，全方位、多层次地评估产教融合。评估内容不仅是监督是否符合国家的法律、法规，是否对当地区域经济产生影响，还要评估高校所在的政府在产教融合中发挥的作用大小。以评估系统为基础，逐步建立激励机制，鼓励企业积极参与，激发其热情，对取得良好成果的企业施以多方面的奖励，如人才培养、技术研发创新、企业综合实力评价等方面。目前，大多数高校向企业寻求合作仅仅是为了生存和发展，能够随着市场的发展趋势谋一席之地。企业、高校、行业间需要拓宽渠道，开展形式多样的、全方位的深度合作，逐步推进产教融合的深层次发展，积极研讨有效的产教融合模式，如技术研发、岗位承包等，从而稳定长期持续的关系，促进产教融合在人才培养中发挥最大的功能。传统产教融合存在一定的弊端，我国政府、“行、企、校”应敢于创新、转变已有观念，研究更多适合于我国国情社会发展的、有效的、多层次的高校产教融合模式，对企业的合法权益加以保护，鼓励企业积极介入，调动其参与热情。产教融合的创新机制需要企业、高校、政府、行业多方面一起完成。政府应该做好规划、统筹角色，全面创造一个良好创新氛围，创造平等合作、多方共赢、全面提升的氛围，以保障高校产教融合有序地发展。

政府的支持和鼓励是高校产教融合发展的重要的保障，政府必须做好各部门之间的宏观管理，协调并沟通好各职能部门之间的利益关系。政府直接对政府是产教融合过程中最直接的宏观管理者与决策者。政府应统一规划各部门的任务、行动，积极开展产教融合，制订相应的法律和法规、制度，为产教融合提供良好的环境及资金支持；确定各主体在产教融合中的权利及义务，规范产教融合行为，为高校产教融合的长远发展提供基础。促进政府宏观管理应从五个方面实施。

第一，完善政策、法律和法规体系。高校产教融合发展需要有政策、法律和法规及资金的支撑，只有具备完善的产教融合支持系统、多元化的产教融合模式，才能持续、健康地发展。

第二，采取各种措施，指引产教融合各主体开展联合创新。采取各种手段和措施，积极开展产教融合，各主体通过创新联盟、产学研相结合等各种形式开展联合创新，将产教融合创新与市场创新、技术创新等有机相结合，从而有效提高产教融合创新的总体水准。

第三，完善高校内部调控机制加强改革，扩大高等教育的自主权。高校可以根据需要调整组织管理体系、专业设置，且决定办学模式和管理体系，以实现产教融合的自我调节。高校要建立和完善弹性学制，彰显学习过程的实用性及学习内容和学习方式的选择性。大学要加强自我内部改革，努力建立教师愿意开展科技服务和技术服务的气氛，使其愿意为企业和社会带来新的服务技术。新形势下，应该以有效整合生产活动和教育教学的资源，实现校企合作、产教融合的有利发展。学院和大学应该建立在互利共赢的基础上，建立产教融合长久的发展制度和方式，充分发挥高校的专业技术长处、教育教学的资源长处等，结合企业、行业的需求，积极提供支持和保障，包括人才、科技、教育培训等。根据高校与企业的现实状况，开展多种方式的合作，努力探索建立一个稳定的、长期的人才培养模式，培养满足社会和企业的需求。

第四，完善企业内部调控机制，加强现代企业治理机制，明确责任关系，通过规章制度规范产教融合合作活动，形成长久的发展制度。企业应当建立产教融合的内在需求机制，提高对产教融合的认识，因为产教融合对国家、社会发展的意义重大。企业应积极主动地参与产教融合活动，采取有效措施来推进产教融合快速的发展。

第五，建立风险预警体系。因为缺乏制度约束与保障，公司承担风险与压力，合作的风险性贯穿于产教融合的全过程，然而，高校自身并不具备把资金转化产品的实力。正因如此，公司对大多数成果的转化不想承担过多的风险，只想承担少部分风险。企业希望国家通过有关政策规定或介入风险投资机构、金融投资机构的方式，跟企业共同承担风险。因此，学校和企业应在政府、行业的指导下建立风险预警体系，从而最大限度地减少产教融合的风险损失，以提升产教融合发展的效益。产教融合中的参与主体——企业、高校都可以在不给对方造成巨大损失的前提下退出合作。

第四节　建立高校产教融合评价支持系统

建立完善的高校产教融合360评估系统是双方深度合作的要求，产教融合360评估系统主要评价产教融合的合作项目、形式、合作效果等。在产教融合过程中，高校经常出现争夺政府资助或优惠政策项目的情况，浪费国家资源。为此，政府必须建立一套科学、标准化的支持职业院校产教融合项目管理体系，制订科学的生产合作体系，制订评价标准，使评价工作具有科学性、制度性、规范性和标准性，并逐步完善产教融合合作项目、工程监理、开支审查、过程监督和验收审查，且一定要积极、严格地执行。

一、产教融合 360 评估系统的设计原则

产教融合不仅直接反映普通本科大学培养应用人才的产教融合的水平，也反映了用人的标准和企业的规范性，还可以反映企业的生产能力和技术含量。及时访问结果，收集反馈信息，将有助于促进普通本科大学校企深度合作的发展，促进高校之间的合作互补，使高校与企业间达成合作、相助。职业院校应在国家的指导下，与行业协会、合作企业共同建立一个 360 评估系统，在合作效果评价的基础上，得出经验，寻找差别，确定更有效的训练计划。职业院校在科学性和系统性评价的基础之上，遵循四条原则。

第一，操作性原则。产教融合的评价是一个直观的感觉，必须简洁，容易实施。评价者表达出一些特殊的感情，还应该审查设置特点，最重要的是让评价者用最简洁的词语描述出产教融合中的优点和缺点，使评价指标体系更加具有科学性和精准性。可操作性的评价包括两个方面：一是指标的建立应清晰、易懂、简化适中，以便于数据的采集，数据的计算应该是遵循标准化流程；二是评价体系和指标计算的相应方法应该简单、科学、便于操作，为了确保评估结果的准确性、可信性，使用科学的方法。

第二，全面性原则。事物总是互相联系的，从某一角度片面地处理问题只能显示出现象，不能揭露其本质。评价产教融合应从组织、管理、培养条件、教学过程和培训效果等角度开展。

第三，目标性原则。因为参加评估的人身份未知，它有一个不确定的视角，不确定评估方式，这就导致将列表变成包括领导评估、同行评估、学生评估等在内的许多评估模型。

第四，指导性原则。产教融合可以反映现有评价体系，用高校与企业合作的精神来指导课程的理论学习和实践学习。

二、产教融合 360 评估系统的构建

从高校方面考虑。在高校投入方面，主要考察的是高校投入产教融合科技人员占高校科技人员的比重；高校投入实验仪器，主要考察高校投入

产教融合实验仪器占高校实验仪器的比重；高校为企业吸入科研成果，主要考察高校提供给企业的科研成果数量占高校科研成果的比重；高校在合作运行的过程中，考虑师资队伍，主要考察应用技术型本科高校兼职教师的比例及具备现场工作能力与技术开发双师型教师的比例；合作课程设置，主要考察实践课程占总学时的比例、工学结合方式授课的课程占总数的比例；协调组织，主要考察是否设立企业专家工作室、专家建设指导管理协会，以及其成员校外企业或行业协会所占的比例；育人资源共享，主要考察育人资源的共享程度；高校在合作效益方面，主要考虑毕业生的就业能力；毕业生就业能力，主要考察毕业生的就业率、对口率、起薪水平；合作发表论文，主要考察合作发表的论文量；合作发表专著，主要考察合作出版的专著数量。

从企业方面考虑。在签订技术转让合同方面，主要考察合作签订技术转让合同的数量；在企业投入资金方面，主要考察企业投入的资金量；企业投入设备，主要考察企业投入的设备量；在企业建设就业前实践的专门基地方面，主要考察企业建立就业前实践的专门基地能否满足要求；在企业投入研发人员方面，主要考察企业投入研发人员占企业研发总人员的比重；在合作中技术开发与应用方面，主要考察合作中技术开发与应用的程度；在教学设施利用方面，主要考察教学设施的利用率；在合作项目方面，主要考察合作项目的数量；在协调组织方面，主要考察高校专家工作室；在合作中知识产权方面，主要考察合作中知识产权的授权数；在对区域经济发展的贡献方面，主要考察毕业生占当年区域新增人力资源的比例；在合作中产生的利润，主要考察合作中产生的利润值；在合作产生高技术产品方面，主要考察合作产生高技术产品的数量；在为企业培养专业技术人员方面，主要考察为企业培养现场专业技术人员的数量；在为企业培养专业技术人员方面，主要考察为企业培养专业技术人员的数量。

在产教融合 360 评估系统的总体设计上，拟对参与主体分类，从高校、企业两个主体方面综合评价。高校评价、企业评价作为总体评价指标体系的 2 个一级指标，再将 2 个一级指标分解为 6 个二级指标，在此基础上，将 6 个二级指标分解为 25 个三级指标。选取和设计这些指标时，既要考虑合作的两个主体——高校、企业，也要考虑合作的三方面——投入、过程、效益，使评价指标体系能较好地反映产教融合运行的实效性，以便于后续研究者参考。根据产教融合综合评价指标体系设计原则，初步设计出产教融合综合评价指标体系，高校是产教融合中培养实践型人力资源的主体，在产教融合的过程中具有举足轻重的地位和作用，所以将高校的权重设为0.5。从高校角度构建评价指标，主要为“高校投入”“合作过程”“合作效益”3个二级指标和10个三级指标。企业是产教融合中培养实践型人力资源的主要合作对象，也是决定实践型人力资源培养的关键合作对象和输出对象，所以将企业的权重设为0.5。从企业角度构建评价指标，主要为“企业投入”“合作过程”“合作效益”3个二级指标和15个三级指标。

高校产教融合是适应社会的发展需求，是教育教学的资源与社会目标协调发展的必经之路。在本研究中，笔者通过研究产教融合法律和法规保障、经费保障、组织保障及360评估系统，认为产教融合要想从根本上得到发展，政府必须解决上述四大层面的问题；建立一套适应产教融合发展的规范的、成熟的法律和法规政策，来明确参与主体的权利、义务，监督、约束各参与主体的行为；拓宽产教融合经费的筹措渠道，加大企业税收优惠政策，完善产教融合风险投资机制，使高校、企业能积极参与到合作中；建立完善的产教融合组织运行管理机构、产教融合制度保障来规划和完善现有的体制，充分发挥其效能，解决实际问题；建立合理的产教融合360评估系统，评价合作中涉及的资金、项目、组织结构、合作效果等，建立一套科学性、权威性、标准性的支持高校产教融合发展的管理体系。

从国家层面上看，研究和设计高校产教融合支持系统在国内尚属首例。中国高校产教融合是一个庞大而复杂的问题，要从宏观层面上把握高校产教融合支持系统的研究，还需要更多的实践和理论。研究提出了一些原创性的观点，但由于可借鉴、参考的相关文献有限，在学理层面上不够深入，在方法层面上不够成熟，在应用层面上不够具体，留下了一些今后需要改进的内容。一是调查的范围不广。调查对象是当地的几所高校，没有选取更多的高校，结果没有说服力，不能作为推广的代表。二是调查的对象不够全面。由于负责产教融合的相关责任人事务繁多，在跟企业联系时，因各种公务延误，参加调查的企业寥寥无几，得到的数据有片面性。三是访谈提纲不够成熟。受笔者的理论水平和研究水平的局限，有些问题思考不够完整、成熟，不具有科学性。除此之外，在访谈过程中，因为经验较少，笔者会被访谈者带动，有些问题不能得到及时的反馈和解答。

综上所述，本研究仅初步研究了高校产教融合支持系统这个具有重大理论意义和实践意义的研究命题，今后还将继续研究并完善。

后　记

《高校创新创业人才培养的产教融合模式研究》一书是黑龙江省高等教育教学改革重点项目：新工科背景下省级现代产业学院高质量建设与发展路径的研究与实践（SJGZ20220130）的研究成果之一。

参考文献

[1] 顾明远．教育大词典［M］．上海：上海教育出版社，1990.
[2] 吕鑫祥．高等职业技术教育研究［M］．上海：上海教育出版社，1998.
[3] 王崇举，郑旭煦．中国西部高校产学研合作研究［M］．北京：科学出版社，2013.
[4] 霍丽娟．产学合作教育中高职院校与企业的关系研究［M］．石家庄：河北教育出版社，2010.
[5] 贺星岳．现代高职的产教融合范式［M］．杭州：浙江大学出版社，2015.
[6] 李心，王乐夫，覃易寒，等．深化产教融合校企合作推动中职教育创新发展：广东中等职业教育教学改革研究与实践［M］．广州：暨南大学出版社，2015.
[7] 刘书瀚，白玲．校企合作应用型人才培养模式理论与实践［M］．天津：南开大学出版社，2014.
[8] 陈解放．合作教育的理论及其在中国的实践：学习与工作相结合教育模式研究［M］．上海：上海交通大学出版社，2006.
[9] 周建松，唐林伟，等．高等职业教育校企合作长效机制研究［M］．杭州：浙江工商大学出版社，2014.
[10] 涂文涛．创新高校产学研机制研究［M］．北京：高等教育出版社，2013.
[11] 蔡钊利．职业教育集团化办学试点项目实施方案［M］．西安：西安电子科技大学出版社，2013.
[12] 贺星岳．现代高职的产教融合范式［M］．杭州：浙江大学出版

社，2015.
［13］刁洪斌．“五位一体”高职人才培养模式研究［D］．济南：山东师范大学，2008.
［14］张建峰．中等职业学校产教融合模式研究——以河南省水利水电学校为例［D］．郑州：郑州大学，2015.
［15］王书丹．高职院校国际化人才培养模式研究［D］．西安：西安建筑科技大学，2015.
［16］吴彦．我国高等职业院校产学研合作教育的研究与思考［D］．石家庄：河北师范大学，2007.
［17］刘辉．贵州工业发展与山地经济模式转变的相关性研究［D］．贵阳：贵州财经大学，2014.
［18］陈婷婷．贵州城市旅游与乡村旅游互动机制研究［D］．贵阳：贵州财经大学，2012.
［19］王静．促进贵州地区循环产业集群发展的相关机制研究［D］．贵阳：贵州财经大学，2010.
［20］廖慧琴．广东省高职教育产教融合运行机制研究［D］．广州：广东技术师范大学，2016.
［21］李红琼．德国“双元制”职教模式研究［D］．成都：四川师范大学，2009.
［22］余沫汐．日本职业教育“产学管”联合办学模式研究与借鉴——以日本高等专门院校为例［D］．南昌：江西科技师范大学，2014.
［23］马东霄．主要发达国家高职教育产学研结合机制研究［D］．保定：河北大学，2005.
［24］兰小云．行业高职院校校企合作机制研究［D］．上海：华东师范大学，2013.
［25］韩静静．河南省职业院校校企合作运行机制研究［D］．开封：河南大学，2014.
［26］耿洁．职业教育校企合作体制机制研究［D］．天津：天津大学，2011.

[27] 付俊超．产学研合作运行机制与绩效评价研究［D］．北京：中国地质大学，2013.
[28] 谢启燕．高职院校“三基一高”人才培养模式研究［D］．广州：广东技术师范学院，2013.